MW01120121

你看到什么？

一顶帽子

或

一条吞了大象的大蟒蛇……

Le Petit Prince

小王子

Antoine de Saint-Exupéry

安东尼·德·圣-艾修伯里　著

李思　译

郑鸣　审

外文出版社
FOREIGN LANGUAGES PRESS

你愿意被人**驯养**吗？

不愿意

那么你就可以来去自如，不用为你驯养的东西负责，但你得学会把孤寂的眼泪当开水喝。

愿意

你必须承担哭泣的风险，不过假如你在下午四点回来，那么，三点时我就会开始高兴了。"有了惦记"，是你最甜蜜的报酬。

如果你选择"不愿意被驯养"，

而且铁定不改，那你可以微笑着看，
把我当成童话故事书，
想像自己是国王。
这样就请你不要寄望从我身上，
找到丝毫快乐的答案。

如果你选择"愿意被驯养"，

那么你可以躺在沙漠里看，
和"被你驯养"或"驯养你的人"一起看，
和我作真正的朋友，看穿箱子后面的秘密。

鼓动真情的翅膀
　飞向微笑的星光……

←圣-艾修伯里

一个人只有用心灵才能看得真切；
重要的东西用肉眼是看不见的。

一个人一旦让自己被人驯养后，
就必须承担一点哭泣的风险……

→作者由右数第
二位。
↓作者逝世 50 周
年纪念明信片。

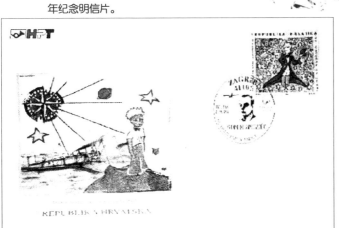

↑ 作者逝世 50 周年纪念邮票。
↓ 法国政府发行的 50 法郎纸钞。

　　要是一个人看着一朵花，在千千万万的星群里，唯有她盛开着，只要看着星星，也会让他觉得快乐。

　　人们一向没有太多的时间去了解任何事情。他们到商店买所有现成的东西，但是却没有任何地方有一间可以买到友谊的商店……

À Léon Werth.

Je demande pardon aux enfants d'avoir dédié ce livre à une grande personne. J'ai une excuse sérieuse: cette grande personne est le meilleur ami que j'ai au monde. J'ai une autre excuse: cette grande personne peut tout comprendre, même les livres pour enfants. J'ai une troisième excuse: cette grande personne habite la France où elle a faim et froid. Elle a bien besoin d'être consolée. Si toutes ces excuses ne suffisent pas, je veux bien dédier ce livre à l'enfant qu'a été autrefois cette grande personne. Toutes les grandes personnes ont d'abord été des enfants. (Mais peu d'entre elles s'en souviennent.) Je corrige donc ma dédicace:

À Léon Werth
quand il était petit garçon.

I

Lorsque j'avais six ans j'ai vu, une fois, une magnifique image, dans un livre sur la forêt vierge qui s'appelait *Histoires vécues*. Ça représentait un serpent boa qui avalait un fauve. Voilà la copie du dessin.

On disait dans le livre: "Les serpents boas avalent leur proie tout entière, sans la mâcher. Ensuite ils ne peuvent plus bouger et ils dorment pendant les six mois de leur digestion."

J'ai alors beaucoup réfléchi sur les aventures de la jungle et, à mon tour, j'ai réussi, avec un crayon de couleur, à tracer mon premier dessin. Mon dessin numéro 1. Il était comme ça:

J'ai montré mon chef-d'œuvre aux grandes personnes et je leur ai demandé si mon dessin leur faisait peur.

Elles m'ont répondu: "Pourquoi un chapeau ferait-il peur?"

Mon dessin ne représentait pas un chapeau. Il représentait un serpent boa qui digérait un éléphant. J'ai alors dessiné l'intérieur du serpent boa, afin que les grandes personnes puissent comprendre. Elles ont toujours besoin d'explications. Mon dessin numéro 2 était comme ça:

Les grandes personnes m'ont conseillé de laisser de côté les dessins de serpents boas ouverts ou fermés, et de m'intéresser plutôt à la géographie, à l'histoire, au calcul et à la grammaire. C'est ainsi que j'ai abandonné, à l'âge de six ans, une magnifique carrière de peintre. J'avais été découragé par l'insuccès de mon dessin numéro 1 et de mon dessin numéro 2. Les grandes personnes ne comprennent jamais rien toutes seules, et c'est fatigant, pour les enfants, de toujours et toujours leur donner des explications...

J'ai donc dû choisir un autre métier et j'ai appris à piloter des avions. J'ai volé un peu partout dans le monde. Et la géographie, c'est exact, m'a beaucoup servi. Je savais reconnaître, du premier coup d'œil, la Chine de l'Arizona. C'est très utile, si l'on s'est égaré pendant la nuit.

J'ai ainsi eu, au cours de ma vie, des tas de contacts avec des tas de gens sérieux. Je les ai vues de très près. Ça n'a pas trop amélioré mon opinion.

Quand j'en rencontrais une qui me paraissait un peu lucide, je faisais l'expérience sur elle de mon dessin numéro 1 que j'ai toujours conservé. Je voulais savoir si elle était vraiment compréhensive. Mais toujours elle me répondait: "C'est un chapeau." Alors je ne lui parlais ni de serpents boas, ni de forêts vierges, ni d'étoiles. Je me mettais à sa portée. Je lui parlais de bridge, de golf, de politique et de cravates. Et la grande personne était bien contente de connaître un homme aussi raisonnable...

II

J'ai ainsi vécu seul, sans personne avec qui parler véritablement, jusqu'à une panne dans le désert du Sahara, il y a six ans. Quelque chose s'était cassé dans mon moteur. Et comme je n'avais avec moi ni mécanicien, ni passagers, je me préparai à essayer de réussir, tout seul, une réparation difficile. C'était pour moi une question de vie ou de mort. J'avais à peine de l'eau à boire pour huit jours.

Le premier soir je me suis donc endormi sur le sable à mille milles de toute terre habitée. J'étais bien plus isolé qu'un naufragé sur un radeau au milieu de l'océan. Alors vous imaginez ma surprise, au lever du jour, quand une drôle de petite voix m'a réveillé. Elle disait:...

— S'il vous plaît... dessine-moi un mouton!

— Hein!

— Dessine-moi un mouton...

J'ai sauté sur mes pieds comme si j'avais été frappé par la foudre. J'ai bien frotté mes yeux. J'ai bien regardé. Et j'ai vu un petit

bonhomme tout à fait extraordinaire qui me considérait gravement. Voilà le meilleur portrait que, plus tard, j'ai réussi à faire de lui. Mais mon dessin, bien sûr, est beaucoup moins ravissant que le modèle. Ce n'est pas ma faute. J'avais été découragé dans ma carrière de peintre par les grandes personnes, à l'âge de six ans, et je n'avais rien appris à dessiner, sauf les boas fermés et les boas ouverts.

Je regardai donc cette apparition avec des yeux tout ronds d'étonnements. N'oubliez pas que je me trouvais à mille milles de toute région habitée. Or mon petit bonhomme ne me semblait ni égaré, ni mort de fatigue, ni mort de faim, ni mort de soif, ni mort de peur. Il n'avait en rien l'apparence d'un enfant perdu au milieu du désert, à mille milles de toute région habitée. Quand je réussis enfin à parler, je lui dis:

— Mais... qu'est-ce que tu fais là?

Et il me répéta alors, tout doucement, comme une chose très sérieuse:

— S'il vous plaît... dessine-moi un mouton...

Quand le mystère est trop impressionnant, on n'ose pas désobéir. Aussi absurde que cela me semblât à mille milles de tous les endroits habités et en danger de mort, je sortis de ma poche une feuille de papier et un stylographe. Mais je me rappelai alors que j'avais surtout étudié la géographie, l'histoire, le calcul et la grammaire et je dis au petit bonhomme (avec un peu de mauvaise humeur) que je ne savais pas dessiner. Il me répondit:

— Ça ne fait rien. Dessine-moi un mouton.

Comme je n'avais jamais dessiné un mouton je refis, pour lui,

Voilà le meilleur portrait que, plus tard,
j'ai réussi à faire de lui.

l'un des deux seuls dessins dont j'étais capable. Celui du boa fermé. Et je fus stupéfait d'entendre le petit bonhomme me répondre:

— Non! Non! Je ne veux pas d'un éléphant dans un boa. Un boa c'est très dangereux, et un éléphant c'est très encombrant. Chez moi c'est tout petit. J'ai besoin d'un mouton. Dessine-moi un mouton.

Alors j'ai dessiné.

Il regarda attentivement, puis:

— Non! Celui-là est déjà très malade. Fais-en un autre.

Je dessinai:

Mon ami sourit gentiment, avec indulgence:

— Tu vois bien... ce n'est pas un mouton, c'est un bélier. Il a des cornes...

Je refis donc encore mon dessin:

Mais il fut refusé, comme les précédents:

— Celui-là est trop vieux. Je veux un mouton qui vive longtemps.

Alors, faute ·de patience, comme j'avais hâte de commencer le démontage de mon moteur, je griffonnai ce dessin-ci.

Et je lançai:

— Ça c'est la caisse. Le mouton que tu veux est dedans.

Mais je fus bien surpris de voir s'illuminer le visage de mon jeune juge:

— C'est tout à fait comme ça que je le

voulais! Crois-tu qu'il faille beaucoup d'herbe à ce mouton?

— Pourquoi?

— Parce que chez moi c'est tout petit...

— Ça suffira sûrement. Je t'ai donné un tout petit mouton.

Il pencha la tête vers le dessin:

— Pas si petit que ça... Tiens! Il s'est endormi...

Et c'est ainsi que je fis la connaissance du petit prince.

III

Il me fallut longtemps pour comprendre d'où il venait. Le petit prince, qui me posait beaucoup de questions, ne semblait jamais entendre les miennes. Ce sont des mots prononcés par hasard qui, peu à peu, m'ont tout révélé. Ainsi, quand il aperçut pour la première fois mon avion (je ne dessinerai pas mon avion, c'est un dessin beaucoup trop compliqué pour moi) il me demanda:

— Qu'est-ce que c'est que cette chose-là?

— Ce n'est pas une chose. Ça vole. C'est un avion. C'est mon avion.

Et j'étais fier de lui apprendre que je volais. Alors il s'écria:

— Comment! tu es tombé du ciel!

— Oui, fis-je modestement.

— Ah! ça c'est drôle...

Et le petit prince eut un très joli éclat de rire qui m'irrita

beaucoup. Je désire que l'on prenne mes malheurs au sérieux. Puis il ajouta:

— Alors, toi aussi tu viens du ciel! De quelle planète es-tu?

J'entrevis aussitôt une lueur, dans le mystère de sa présence, et j'interrogeai brusquement:

— Tu viens donc d'un autre planète?

Mais il ne me répondit pas. Il hochait la tête doucement tout en regardant mon avion:

— C'est vrai que, là-dessus, tu ne peux pas venir de bien loin...

Et il s'enfonça dans une rêverie qui dura longtemps. Puis, sortant mon mouton de sa poche, il se plongea dans la contemplation de son trésor.

Vous imaginez combien j'avais pu être intrigué par cette demi-confidence sur "les autres planètes". Je m'efforçai donc d'en savoir plus long:

— D'où viens-tu, mon petit bonhomme? Où est-ce 'chez toi'? Où veux-tu emporter mon mouton?

Il me répondit après un silence méditatif:

— Ce qui est bien, avec la caisse que tu m'as donnée, c'est que, la nuit, ça lui servira de maison.

— Bien sûr. Et si tu es gentil, je te donnerai aussi une corde pour l'attacher pendant le jour. Et un piquet.

La proposition parut choquer le petit prince:

— L'attacher? Quelle drôle d'idée!

— Mais si tu ne l'attaches pas, il ira n'importe où, et il se perdra.

Et mon ami eut un nouvel éclat de rire:

Le petit prince sur l'astéroïde B 612.

— Mais où veux-tu qu'il aille!

— N'importe où. Droit devant lui...

Alors le petit prince remarqua gravement:

— Ça ne fait rien, c'est tellement petit, chez moi!

Et, avec un peu de mélancolie, peut-être, il ajouta:

— Droit devant soi on ne peut pas aller bien loin...

IV

J'avais ainsi appris une seconde chose très importante: c'est que sa planète d'origine était à peine plus grande qu'une maison!

Ça ne pouvait pas m'étonner beaucoup. Je savais bien qu'en dehors des grosses planètes comme la Terre, Jupiter, Mars, Vénus, auxquelles on a donné des noms, il y en a des centaines d'autres qui sont quelquefois si petites qu'on a beaucoup de mal à les apercevoir au télescope. Quand un astronome découvre l'une

d'elles, il lui donne pour nom un numéro. Il l'appelle par exemple: "l'astéroïde 325".

J'ai de sérieuses raisons de croire que la planète d'où venait le petit prince est l'astéroïde B 612. Cet astéroïde n'a été aperçu qu'une fois au télescope, en 1909, par un astronome turc.

Il avait fait alors une

grande démonstration de sa découverte à un congrès international d'astronomie. Mais personne ne l'avait cru à cause de son costume. Les grandes personnes sont comme ça.

Heureusement pour la réputation de l'astéroïde B 612, un dictateur turc imposa à son peuple, sous peine de mort, de s'habiller à l'européenne. L'astronome refit sa démonstration en 1920, dans un habit très élégant. Et cette fois-ci tout le monde fut de son avis.

Si je vous ai raconté ces détails sur l'astéroïde B 612 et si je vous ai confié son numéro, c'est à cause des grandes personnes. Les grandes personnes aiment les chiffres. Quand vous leur parlez d'un nouvel ami, elles ne vous questionnent jamais sur l'essentiel. Elle

ne vous disent jamais: "Quel est le son de sa voix? Quels sont les jeux qu'il préfère? Est-ce qu'il collectionne les papillons?" Elle vous demandent: "Quel âge a-t-il? Combien a-t-il de frères? Combien pèse-t-il? Combien gagne son père?" Alors seulement elles croient le connaître. Si vous dites aux grandes personnes: "J'ai vu une belle maison en briques roses, avec des géraniums aux fenêtres et des colombes sur le toit...", elles ne parviennent pas à s'imaginer cette maison. Il faut leur dire: "J'ai vu une maison de cent mille francs." Alors elles s'écrient: "Comme c'est joli! "

Ainsi, si vous leur dites: "La preuve que le petit prince a existé c'est qu'il était ravissant, qu'il riait, et qu'il voulait un mouton. Quand on veut un mouton, c'est la preuve qu'on existe", elles hausseront les épaules et vous traiteront d'enfant! Mais si vous leur dites: "La planète d'où il venait est l'astéroïde B 612", alors elles seront convaincues, et elles vous laisseront tranquille avec leurs questions. Elles sont comme ça. Il ne faut pas leur en vouloir. Les enfants doivent être très indulgents envers les grandes personnes.

Mais, bien sûr, nous qui comprenons la vie, nous nous moquons bien des numéros! J'aurais aimé commencer cette histoire à la façon des contes de fées. J'aurais aimé dire:

"Il était une fois un petit prince qui habitait une planète à peine plus grande que lui, et qui avait besoin d'un ami..." Pour ceux qui comprennent la vie, ça aurait eu l'air beaucoup plus vrai.

Car je n'aime pas qu'on lise mon livre à la légère. J'éprouve tant de chagrin à raconter ces souvenirs. Il y a six ans déjà que mon ami s'en est allé avec son mouton. Si j'essaie ici de le décrire, c'est afin de ne pas l'oublier. C'est triste d'oublier un ami. Tout le monde n'a pas eu un ami. Et je puis devenir comme les grandes personnes qui ne s'intéressent plus qu'aux chiffres. C'est donc pour ça encore que j'ai acheté une boîte de couleurs et des crayons. C'est dur de se remettre au dessin, à mon âge, quand on n'a jamais fait d'autres tentatives que celles d'un boa fermé et celle d'un boa ouvert, à l'âge de six ans! J'essaierai, bien sûr, de faire des portraits le plus ressemblants possible. Mais je ne suis pas tout à fait certain de réussir. Un dessin va, et l'autre ne ressemble plus. Je me trompe un peu aussi sur la taille. Ici le petit prince est trop grand. Là il est trop petit. J'hésite aussi sur la couleur de son costume. Alors je tâtonne comme ci et comme ça, tant bien que mal. Je me tromperai enfin sur certains détails plus importants. Mais ça, il faudra me le pardonner. Mon ami ne donnait jamais d'explications. Il me croyait peut-être semblable à lui. Mais moi, malheureusement, je ne sais pas voir les moutons à travers les caisses. Je suis peut-être un peu comme les grandes personnes. J'ai dû vieillir.

V

Chaque jour j'apprenais quelque chose sur la planète, sur le départ, sur le voyage. Ça venait tout doucement, au hasard des réflexions. C'est ainsi que, le troisième jour, je connus le drame des baobabs.

Cette fois-ci encore ce fut grâce au mouton, car brusquement le petit prince m'interrogea, comme pris d'un doute grave:

— C'est bien vrai, n'est-ce pas, que les moutons mangent les arbustes?

— Oui. C'est vrai.

— Ah! Je suis content!

Je ne compris pas pourquoi il était si important que les moutons mangeassent les arbustes. Mais le petit prince ajouta:

— Par conséquent ils mangent aussi les baobabs?

Je fis remarquer au petit prince que les baobabs ne sont pas des arbustes, mais des arbres grands comme des églises et que, si même il emportait avec lui tout un troupeau d'éléphants, ce troupeau ne viendrait pas à bout d'un seul baobab.

L'idée du troupeau d'éléphants fit rire le petit prince:

— Il faudrait les mettre les uns sur les autres...

Mais il remarqua avec sagesse:

— Les boababs, avant de grandir, ça commence par être petit.

— C'est exact! Mais pourquoi veux-tu que tes moutons mangent les petits baobabs?

Il me répondit: "Ben! Voyons!", comme s'il s'agissait là d'une évidence. Et il me fallut un grand effort d'intelligence pour comprendre à moi seul ce problème.

Et en effet, sur la planète du petit prince, il y avait, comme sur toutes les planètes, de bonnes herbes et de mauvaises herbes.

24

Par conséquent de bonnes graines de bonnes herbes et de mauvaises graines de mauvaises herbes. Mais les graines sont invisibles. Elles dorment dans le secret de la terre jusqu'à ce qu'il prenne fantaisie à l'un d'elles de se réveiller. Alors elle s'étire, et pousse d'abord timidement vers le soleil une ravissante petite brindille inoffensive. S'il s'agit d'une brindille de radis ou de rosier, on peut la laisser pousser comme elle veut. Mais s'il s'agit d'une mauvaise plante, il faut arracher la plante aussitôt, dès qu'on a su la reconnaître. Or il y avait des graines terribles sur la planète du petit prince... c'étaient les graines de baobabs. Le sol de la planète en était infesté. Or un baobab, si l'on s'y prend trop tard, on ne peut jamais plus s'en débarrasser. Il encombre toute la planète. Il la perfore de ses racines. Et si la planète est trop petite, et si les boababs sont trop nombreux, ils la font éclater.

"C'est une question de discipline, me disait plus tard le petit prince. Quand on a terminé sa toilette du matin, il faut faire soigneusement la toilette de la planète. Il faut s'astreindre régulièrement à arracher les baobabs dès qu'on les distingue d'avec les rosiers auxquels ils ressemblent beaucoup quand ils sont très jeunes. C'est un travail très ennuyeux, mais très facile."

Et un jour il me conseilla de m'appliquer à réussir un beau dessin, pour bien faire entrer ça dans la tête des enfants de chez moi. "S'ils voyagent un jour, me disait-il, ça pourra leur servir. Il est quelquefois sans incovénient de remettre à plus tard son travail. Mais s'il s'agit des baobabs, c'est toujours une catastrophe. J'ai connu une planète, habitée par un paresseux. Il avait négligé trois arbustes..."

Et, sur les indications du petit prince, j'ai dessiné cette planète-là. Je n'aime guère prendre le ton d'un moraliste. Mais le danger des baobabs est si peu connu, et les risques courus par celui qui s'égarerait dans un astéroïde sont si considérables, que, pour une fois, je fais exception à ma réserve. Je dis: "Enfants! Faites attention aux baobabs! " C'est pour avertir mes amis d'un danger qu'ils frôlaient depuis longtemps, comme moi-même, sans le connaître, que j'ai tant travaillé ce dessin-là. La leçon que je donnais en valait la peine. Vous vous demanderez peut-être: Pourquoi n'y a-t-il pas, dans ce livre, d'autres dessins aussi grandioses que le dessin des baobabs? La réponse est bien simple: J'ai essayé mais je n'ai pas pu réussir. Quand j'ai dessiné les baobabs j'ai été animé par le sentiment de l'urgence.

26

Les baobabs.

VI

Ah! petit prince, j'ai compris, peu à peu, ainsi, ta petite vie mélancolique. Tu n'avais eu longtemps pour distraction que la douceur des couchers de soleil. J'ai appris ce détail nouveau, le quatrième jour au matin, quand tu m'as dit:

— J'aime bien les couchers de soleil. Allons voir un coucher de soleil...

— Mais il faut attendre...

— Attendre quoi?

— Attendre que le soleil se couche.

Tu as eu l'air très surpris d'abord, et puis tu as ri de toi-même. Et tu m'as dit:

— Je me crois toujours chez moi!

En effet. Quand il est midi aux États-Unis, le soleil, tout le monde le sait, se coucher sur la France. Il suffirait de pouvoir aller en France en une minute pour assister au coucher du soleil. Malheureusement la France est bien trop éloignée. Mais, sur ta si petite planète, il te suffisait de tirer ta chaise de quelques pas. Et tu regardais le crépuscule chaque fois que tu le désirais…

— Un jour, j'ai vu le soleil se coucher quarante-quatre fois!

Et un peu plus tard tu ajoutais:

— Tu sais… quand on est tellement triste on aime les couchers de soleil…

— Le jour des quarante-quatre fois, tu étais donc tellement triste?

Mais le petit prince ne répondit pas.

VII

Le cinquième jour, toujours grâce au mouton, ce secret de la vie du petit prince me fut révélé. Il me demanda avec brusquerie, sans préambule, comme le fruit d'un problème longtemps médité en silence:

— Un mouton, s'il mange les arbustes, il mange aussi les fleurs?

— Un mouton mange tout ce qu'il rencontre.

— Même les fleurs qui ont des épines?

— Oui. Même les fleurs qui ont des épines.

— Alors les épines, à quoi servent-elles?

Je ne le savais pas. J'étais alors très occupé à essayer de dévisser

un boulon trop serré de mon moteur. J'étais très soucieux car ma panne commençait de m'apparaître comme très grave, et l'eau à boire qui s'épuisait me faisait craindre le pire.

— Les épines, à quoi servent-elles?

Le petit prince ne renonçait jamais à une question, une fois qu'il l'avait posée. J'étais irrité par mon boulon et je répondis n'importe quoi:

— Les épines, ça ne sert à rien, c'est de la pure méchanceté de la part des fleurs!

— Oh!

Mais après un silence il me lança, avec une sorte de rancune:

— Je ne te crois pas! Les fleurs sont faibles. Elles sont naïves. Elles se rassurent comme elles peuvent. Elles se croient terribles avec leurs épines...

Je ne répondis rien. À cet instant-là je me disais: "Si ce boulon résiste encore, je le ferai sauter d'un coup de marteau." Le petit prince dérangea de nouveau mes réflexions:

— Et tu crois, toi, que les fleurs...

— Mais non! Mais non! Je ne crois rien! J'ai répondu n'importe quoi. Je m'occupe, moi, de choses sérieuses!

Il me regarda stupéfait.

— De choses sérieuses!

Il me voyait, mon marteau à la main, et les doigts noirs de cambouis, penché sur un objet qui lui semblait très laid.

— Tu parles comme les grandes personnes!

Ça me fit un peu honte. Mais, impitoyable, il ajouta:

— Tu confonds tout... tu mélanges tout!

Il était vraiment très irrité. Il secouait au vent des cheveux tout dorés:

— Je connais une planète où il y a un monsieur cramoisi. Il n'a jamais respiré une fleur. Il n'a jamais regardé une étoile. Il n'a jamais aimé personne. Il n'a jamais rien fait d'autre que des additions. Et toute la journée il répète comme toi: "Je suis un homme sérieux! Je suis un homme sérieux!", et ça le fait gonfler d'orgueil. Mais ce n'est pas un homme, c'est un champignon!

— Un quoi?

— Un champignon!

Le petit prince était maintenant tout pâle de colère.

"Il y a des millions d'années que les fleurs fabriquent des épines. Il y a des millions d'années que les moutons mangent quand même les fleurs. Et ce n'est pas sérieux de chercher à comprendre pourquoi elle se donnent tant de mal pour se fabriquer des épines qui ne servent jamais à rien? Ce n'est pas important la guerre des moutons et des fleurs? Ce n'est pas plus sérieux et plus important que les additions d'un gros monsieur rouge? Et si je connais, moi, une fleur unique au monde, qui n'existe nulle part, sauf dans ma planète, et qu'un petit mouton

peut anéantir d'un seul coup, comme ça, un matin, sans se rendre compte de ce qu'il fait, ce n'est pas important ça!

Il rougit, puis reprit:

— Si quelqu'un aime une fleur qui n'existe qu'à un exemplaire dans les millions et les millions d'étoiles, ça suffit pour qu'il soit heureux quand il les regarde. Il se dit: "Ma fleur est là quelque part..." Mais si le mouton mange la fleur, c'est pour lui comme si, brusquement, toutes les étoiles s'éteignaient!   Et ce n'est pas important ça!

Il ne put rien dire de plus. Il éclata brusquement en sanglots. La nuit était tombée. J'avais lâché mes outils. Je me moquais bien de mon marteau, de mon boulon, de la soif et de la mort. Il y avait, sur une étoile, une planète, la mienne, la Terre, un petit prince à consoler!   Je le pris dans les bras. Je le berçai. Je lui disais: "La fleur que tu aimes n'est pas en danger... Je lui dessinerai une muselière, à ton mouton... Je te dessinerai une armure pour ta fleur... Je... " Je ne savais pas trop quoi dire. Je me sentais très maladroit. Je ne savais comment l'atteindre, où le rejoindre... C'est tellement mystérieux, le pays des larmes!

VIII

J'appris bien vite à mieux connaître cette fleur. Il y avait toujours eu, sur la planète du petit prince, des fleurs très simples, ornées d'un seul rang de pétales, et qui ne tenaient point de place, et qui ne dérangeaient personne. Elles apparaissaient un matin dans l'herbe, et puis elles s'éteignaient le soir. Mais celle-là avait germé un jour, d'une graine apportée d'on ne sait où, et le petit prince avait surveillé de très près cette brindille qui ne ressemblait pas aux autres brindilles. Ça pouvait être un nouveau genre de baobab. Mais l'arbuste cessa vite de croître, et commença de préparer une fleur. Le petit prince, qui assistait à l'installation d'un bouton énorme, sentait bien qu'il en sortirait une apparition miraculeuse, mais la fleur n'en finissait pas de se préparer à être belle, à l'abri de sa chambre verte. Elle choisissait avec soin ses couleurs. Elle s'habillait lentement, elle ajustait un à un ses pétales. Elle ne voulait pas sortir toute fripée comme les coquelicots. Elle ne voulait apparaître que dans le plein rayonnement de sa beauté. Eh! oui. Elle était très coquette! Sa toilette mystérieuse avait donc duré des jours et des jours. Et puis voici qu'un matin, justement à l'heure du lever du soleil, elle s'était montrée.

Et elle, qui avait travaillé avec tant de précision, dit en bâillant:

— Ah! je me réveille à peine... Je vous demande pardon... je suis encore toute décoiffée...

Le petit prince, alors, ne put contenir son admiration:

— Que vous êtes belle!

— N'est-ce pas, répondit doucement la fleur. Et je suis née en même temps que le soleil...

Le petit prince devina bien qu'elle n'était pas trop modeste, mais elle était si émouvante!

— C'est l'heure, je crois, du petit déjeuner, avait-elle bientôt ajouté, auriez-vous la bonté de penser à moi...

Et le petit prince, tout confus, ayant été chercher un arrosoir d'eau fraîche, avait servi la fleur.

Ainsi l'avait-elle bien vite tourmenté par sa vanité un peu ombrageuse. Un jour, par exemple, parlant de ses quatre épines, elle avait dit au petit prince:

— Ils peuvent venir, les tigres, avec leurs griffes!

— Il n'y a pas de tigres sur ma planète, avait objecté le petit prince, et puis les tigres ne mangent pas d'herbe.

— Je ne suis pas une herbe, avait doucement répondu la fleur.

— Pardonnez-moi...

— Je ne crains rien des tigres, mais j'ai horreur des courants d'air. Vous n'auriez pas un paravent?

"Horreur des courants d'air... ce n'est pas de chance, pour une plante, avait remarqué le petit prince. Cette fleur est bien compliquée..."

— Le soir vous me mettrez sous globe. Il fait très froid chez vous. C'est mal installé. Là d'où je viens...

Mais elle s'était interrompue.

34

Elle était venue sous forme de graine. Elle n'avait rien pu connaître des autres mondes. Humiliée de s'être laissé surprendre à préparer un mensonge aussi naïf, elle avait toussé deux ou trois fois, pour mettre le petit prince dans son tort:

— Ce paravent?...

— J'allais le chercher mais vous me parliez!

Alors elle avait forcé sa toux pour lui infliger quand même des remords.

Ainsi le petit prince, malgré la bonne volonté de son amour, avait vite douté d'elle. Il avait pris au sérieux des mots sans importance, et était devenu très malheureux.

"J'aurais dû ne pas l'écouter, me confia-t-il un jour, il ne faut jamais écouter les fleurs. Il faut les regarder et les respirer. La mienne embaumait ma planète, mais je ne savais pas m'en réjouir. Cette histoire de griffes, qui m'avait tellement agacé, eût dû m'attendrir..."

Il me confia encore:

"Je n'ai alors rien su comprendre! J'aurais dû la juger sur les actes et non sur les mots. Elle m'embaumait et m'éclairait. Je n'aurais jamais dû m'enfuir! J'aurais dû deviner sa tendresse derrière ses pauvres ruses. Les fleurs sont si contradictoires! Mais j'étais trop jeune pour savoir l'aimer."

IX

Je crois qu'il profita, pour son évasion, d'une migration d'oiseaux sauvages. Au matin du départ il mit sa planète bien en ordre. Il ramona soigneusement ses volcans en activité. Il possédait deux volcans en activité. Et c'était bien commode pour faire chauffer le petit déjeuner du matin. Il possédait aussi un volcan éteint. Mais, comme il disait: "On ne sait jamais!" Il ramona donc également le volcan éteint. S'ils sont bien ramonés, les volcans brûlent doucement et régulièrement, sans éruptions. Les éruptions volcaniques sont comme des feux de cheminée. Évidemment sur notre terre nous sommes beaucoup trop petits pour ramoner nos volcans. C'est pourquoi ils nous causent des tas d'ennuis.

Le petit prince arracha aussi, avec un peu de mélancolie, les dernières pousses de baobabs. Il croyait ne jamais devoir revenir. Mais tous ces travaux familiers lui parurent, ce matin-là, extrêmement doux. Et, quand il arrosa une dernière fois la fleur, et se prépara à la mettre à l'abri sous son globe, il se découvrit l'envie de pleurer.

— Adieu, dit-il à la fleur.

Mais elle ne lui répondit pas.

— Adieu, répéta-t-il.

La fleur toussa. Mais ce n'était pas à cause de son rhume.

— J'ai été sotte, lui dit-elle enfin. Je te demande pardon. Tâche d'être heureux.

Il fut surpris par l'absence de reproches. Il restait là tout

Il ramona soigneusement ses volcans en activité.

déconcerté, le globe en l'air. Il ne comprenait pas cette douceur calme.

— Mais oui, je t'aime, lui dit la fleur. Tu n'en as rien su, par ma faute. Cela n'a aucune importance. Mais tu as été aussi sot que moi. Tache d'être heureux... Laisse ce globe tranquille. Je n'en veux plus.

— Mais le vent...

— Je ne suis pas si enhumée que ça... L'air frais de la nuit me fera du bien. Je suis une fleur.

— Mais les bêtes...

— Il faut bien que je supporte deux ou trois chenilles si je veux connaître les papillons. Il paraît que c'est tellement beau. Sinon qui me rendra visite? Tu seras loin, toi. Quant aux grosses bêtes, je ne crains rien. J'ai mes griffes.

Et elle montrait naïvement ses quatre épines. Puis elle ajouta:

— Ne traîne pas comme ça, c'est agaçant. Tu as décidé de partir. Va-t'en.

Car elle ne voulait pas qu'il la vît pleurer. C'était une fleur tellement orgueilleuse...

X

Il se trouvait dans la région des astéroïdes 325, 326, 327, 328, 329 et 330. Il commença donc par les visiter pour y chercher une occupation et pour s'instruire.

Le premier était habité par un roi. Le roi siégeait, habillé de pourpre et d'hermine, sur un trône très simple et cependant majestueux.

— Ah! Voilà un sujet, s'écria le roi quand il aperçut le petit prince. Et le petit prince se demanda:

"Comment peut-il me reconnaître puisqu'il ne m'a encore jamais vu?"

Il ne savait pas que, pour les rois, le monde est très simplifié. Tous les hommes sont des sujets.

— Approche-toi que je te voie mieux, lui dit le roi qui était tout fier d'être enfin roi pour quelqu'un.

Le petit prince chercha des yeux où s'asseoir, mais la planète était tout encombrée par le magnifique manteau d'hermine. Il resta donc debout, et, comme il était fatigué, il bâilla.

"Il est contraire à l'étiquette de bâiller en présence d'un roi, lui dit le monarque. Je te l'interdis.

— Je ne peux pas m'en empêcher, répondit le petit prince tout confus. J'ai fait un long voyage et je n'ai pas dormi...

— Alors, lui dit le roi, je t'ordonne de bâiller. Je n'ai vu personne bâiller depuis des années. Les bâillements sont pour moi des curiosités. Allons! bâille encore. C'est un ordre.

— Ça m'intimide... je ne peux plus... fit le petit prince tout rougissant.

— Hum! Hum! répondit le roi. Alors je... je t'ordonne tantôt de bâiller et tantôt de...

Il bredouillait un peu et paraissait vexé.

Car le roi tenait essentiellement à ce que son autorité fût respectée. Il ne tolérait pas la désobéissance. C'est un monarque absolu. Mais, comme il était très bon, il donnait des ordres raisonnables.

"Si j'ordonnais, disait-il couramment, si j'ordonnais à un général de se changer en oiseau de mer, et si le général n'obéissait pas, ce

ne serait pas la faute du général. Ce serait ma faute."

— Puis-je m'asseoir? s'enquit timidement le petit prince.

— Je t'ordonne de t'asseoir, lui répondit le roi, qui ramena majestueusement un pan de son manteau d'hermine.

Mais le petit prince s'étonnait. La planète était minuscule. Sur quoi le roi pouvait-il bien régner?

— Sire... lui dit-il, je vous demande pardon de vous interroger...

— Je t'ordonne de m'interroger, se hâta de dire le roi.

— Sire... sur quoi régnez-vous?

— Sur tout, répondit le roi, avec une grande simplicité.

— Sur tout?

Le roi d'un geste discret désigna sa planète, les autres planètes et les étoiles.

— Sur tout ça? dit le petit prince.

— Sur tout ça..., répondit le roi.

Car non seulement c'était un monarque absolu mais c'était un monarque universel.

— Et les étoiles vous obéissent?

— Bien sûr, lui dit le roi. Elles obéissent aussitôt. Je ne tolère pas l'indiscipline.

Un tel pouvoir émerveilla le petit prince. S'il l'avait détenu lui-même, il aurait pu assister, non pas à quarante-quatre, mais à soixante-douze, ou même à cent, ou même à deux cents couchers de soleil dans la même journée, sans avoir jamais à tirer sa chaise! Et comme il se sentait un peu triste à cause du souvenir de sa petite planète abandonnée, il s'enhardit à solliciter une grâce du roi:

— Je voudrais voir un coucher de soleil... Faites-moi plaisir... Ordonnez au soleil de se coucher...

— Si j'ordonnais à un général de voler d'une fleur à l'autre à la façon d'un papillon, ou d'écrire une tragédie, ou de se changer en

41

oiseau de mer, et si le général n'exécutait pas l'ordre reçu, qui, de lui ou de moi, serait dans son tort?

— Ce serait vous, dit fermement le petit prince.

— Exact. Il faut exiger de chacun ce que chacun peut donner, reprit le roi. L'autorité repose d'abord sur la raison. Si tu ordonnes à ton peuple d'aller se jeter à la mer, il fera la révolution. J'ai le droit d'exiger l'obéissance parce que mes ordres sont raisonnables.

— Alors mon coucher de soleil? rappela le petit prince qui jamais n'oubliait une question une fois qu'il l'avait posée.

— Ton coucher de soleil, tu l'auras. Je l'exigerai. Mais j'attendrai, dans ma science du gouvernement, que les conditions soient favorables.

— Quand ça sera-t-il? s'informa le petit prince.

— Hem! hem! lui répondit le roi, qui consulta d'abord un gros calendrier, hem! hem! ce sera, vers... vers... ce sera ce soir vers sept heures quarante! Et tu verras comme je suis bien obéi.

Le petit prince bâilla. Il regrettait son coucher de soleil manqué. Et puis il s'ennuyait déjà un peu:

— J' n'ai plus rien à faire ici, dit-il au roi. Je vais repartir!

— Ne pars pas, répondit le roi qui était si fier d'avoir un sujet. Ne pars pas, je te fais ministre!

— Ministre de quoi?

— De... de la justice!

— Mais il n'y a personne à juger!

— On ne sait pas, lui dit le roi. Je n'ai pas fait encore le tour de mon royaume. Je suis très vieux, je n'ai pas de place pour un carrosse, et ça me fatigue de marcher.

— Oh! Mais j'ai déjà vu, dit le petit prince qui se pencha pour jeter encore un coup d'œil sur l'autre côté de la planète. Il n'y a personne là-bas non plus...

— Tu te jugeras donc toi-même, lui répondit le roi. C'est le plus difficile. Il est bien plus difficile de se juger soi-même que de juger autrui. Si tu réussis à bien te juger, c'est que tu es un véritable sage.

— Moi, dit le petit prince, je puis me juger moi-même n'importe où. Je n'ai pas besoin d'habiter ici.

— Hem! hem! dit le roi, je crois bien que sur ma planète il y a quelque part un vieux rat. Je l'entends la nuit. Tu pourras juger ce vieux rat. Tu le condamneras à mort de temps en temps. Ainsi, sa vie dépendra de ta justice. Mais tu le gracieras chaque fois pour l'économiser. Il n'y en a qu'un.

— Moi, répondit le petit prince, je n'aime pas condamner à mort, et je crois bien que j' m'en vais.

— Non, dit le roi.

Mais le petit prince, ayant achevé ses préparatifs, ne voulut point peiner le vieux monarque:

— Si votre Majesté désirait être obéie ponctuellement, elle pourrait me donner un ordre raisonnable. Elle pourrait m'ordonner, par exemple, de partir avant une minute. Il me semble que les conditions sont favorables...

Le roi n'ayant rien répondu, le petit prince hésita d'abord, puis, avec un soupir, prit le départ...

— Je te fais mon ambassadeur, se hâta alors de crier le roi.

Il avait un grand air d'autorité.

Les grandes personnes sont bien étranges, se dit le petit prince, en lui-même, durant son voyage.

XI

La seconde planète était habitée par un vaniteux:

— Ah! Ah! Voilà la visite d'un admirateur! s'écria de loin le vaniteux dès qu'il aperçut le petit prince.

Car, pour les vaniteux, les autres hommes sont des admirateurs.

— Bonjour, dit le petit prince. Vous avez un drôle de chapeau.

— C'est pour saluer, lui répondit le vaniteux. C'est pour saluer quand on m'acclame. Malheureusement il ne passe jamais personne par ici.

— Ah oui? dit le petit prince qui ne comprit pas.

— Frappe tes mains l'un contre l'autre, conseilla donc le vaniteux.

Le petit prince frappa ses mains l'une contre l'autre. Le vaniteux salua modestement en soulevant son chapeau.

"Ça, c'est plus amusant que la visite au roi", se dit en lui-même le petit prince. Et il recommença de frapper ses mains l'une contre l'autre. Le vaniteux recommença de saluer en soulevant son chapeau.

Après cinq minutes d'exercice le petit prince se fatigua de la monotonie du jeu:

— Et pour que le chapeau tombe, demanda-t-il, que faut-il faire?

Mais le vaniteux ne l'entendit pas. Les vaniteux n'entendent jamais que les louanges.

— Est-ce que tu m'admires vraiment beaucoup? demanda-t-il au petit prince.

— Qu'est-ce que signifie "admirer"?

— "Admirer" signifie reconnaître que je suis l'homme le plus beau, le mieux habillé, le plus riche et le plus intelligent de la planète.

— Mais tu es seul sur ta planète!

— Fais-moi ce plaisir. Admire-moi quand même!

— Je t'admire, dit le petit prince, en haussant un peu les épaules, mais en quoi cela peut-il bien t'intéresser?

Et le petit prince s'en fut.

"Les grandes personnes sont décidément bien bizarres", se dit-il simplement en lui-même durant son voyage.

XII

La planète suivante était habitée par un buveur. Cette visite fut très courte mais elle plongea le petit prince dans une grande

mélancolie:

— Que fais-tu là? dit-il au buveur, qu'il trouva installé en silence devant une collection de bouteilles vides et une collection de bouteilles pleines.

— Je bois, répondit le buveur, d´un air lugubre.

— Pourquoi bois-tu? lui demanda le petit prince.

— Pour oublier, répondit le buveur.

— Pour oublier quoi? s'enquit le petit prince qui déjà le plaignait.

— Pour oublier que j'ai honte, avoua le buveur en baissant la tête.

— Honte de quoi? s'informa le petit prince qui désirait le secourir.

— Honte de boire! acheva le buveur qui s'enferma définitivement dans le silence.

Et le petit prince s'en fut, perplexe.

"Les grandes personnes sont décidément très très bizarres", se disait-il en lui-même durant le voyage.

XIII

La quatrième planète était celle du businessman. Cet homme était si occupé qu'il ne leva même pas la tête à l'arrivée du petit prince.

— Bonjour, lui dit celui-ci. Votre cigarette est éteinte.

— Trois et deux font cinq. Cinq et sept douze. Douze et trois quinze. Bonjour. Quinze et sept vingt-deux. Vingt-deux et six vingt-huit. Pas le temps de la rallumer. Vingt-six et cinq trente et un. Ouf! Ça fait donc cinq cent un millions six cent vingt-deux mille sept cent trente et un.

— Cinq cents millions de quoi?

— Hein? Tu es toujours là? Cinq cent un millions de... je ne sais plus... j'ai tellement de travail! Je suis sérieux, moi, je ne m'amuse pas à des balivernes! Deux et cinq sept...

— Cinq cent un millions de quoi? répéta le petit prince qui jamais de sa vie n'avait renoncé à une question, une fois qu'il l'avait posée.

Le businessman leva la tête:

— Depuis cinquante-quatre ans que j'habite cette planète-ci, je n'ai été dérangé que trois fois. La première fois ç'a été, il y a vingt-deux ans, par un hanneton qui était tombé dieu sait d'où. Il répandait un bruit épouvantable, et j'ai fait quatre erreurs dans une addition. La seconde fois ç'a été, il y a onze ans, par une crise de rhumatisme. Je manque d'exercice. Je n'ai pas le temps de flâner. Je suis sérieux, moi. La troisième fois... la voici! Je disais donc cinq cent un millions...

— Millions de quoi?

Le businessman comprit qu'il n'était point d'espoir de paix:

— Millions de ces petites choses que l'on voit quelquefois dans

le ciel.

— Des mouches?

— Mais non, des petites choses qui brillent.

— Des abeilles?

— Mais non. Des petites choses dorées qui font rêvasser les fainéants. Mais je suis sérieux, moi! Je n'ai pas le temps de rêvasser.

— Ah! des étoiles?

— C'est bien ça. Des étoiles.

— Et que fais-tu de cinq cents millions d'étoiles?

— Cinq cent un millions six cent vingt-deux mille sept cent trente et un. Je suis sérieux, moi, je suis précis.

— Et que fais-tu de ces étoiles?

— Ce que j'en fais?

— Oui.

— Rien. Je les possède.

— Tu possèdes les étoiles?

— Oui.

— Mais j'ai déjà vu un roi qui...

— Les rois ne possèdent pas. Ils "règnent" sur. C'est très différent.

— Et à quoi cela te sert-il de posséder les étoiles?

— Ça me sert à être riche.

— Et à quoi cela te sert-il d'être riche?

— À acheter d'autres étoiles, si quelqu'un en trouve.

"Celui-là, se dit en lui-même le petit prince, il raisonne un peu comme mon ivrogne."

Cependant il posa encore des questions:

— Comment peut-on posséder les étoiles?

— À qui sont-elles? riposta, grincheux, le businessman.

— Je ne sais pas. À personne.

— Alors elles sont à moi, car j'y ai pensé le premier.

— Ça suffit?

— Bien sûr. Quand tu trouves un diamant qui n'est à personne, il est à toi. Quand tu trouves une île qui n'est à personne, elle est à toi. Quand tu as une idée le premier, tu la fais breveter: elle est à toi. Et moi je possède les étoiles, puisque jamais personne avant moi n'a songé à les posséder.

— Ça c'est vrai, dit le petit prince. Et qu'en fais-tu?

— Je les gère. Je les compte et je les recompte, dit le businessman. C'est difficile. Mais je suis un homme sérieux!

Le petit prince n'était pas satisfait encore.

— Moi, si je possède un foulard, je puis le mettre autour de mon cou et l'emporter. Moi, si je possède une fleur, je puis cueillir ma fleur et l'emporter. Mais tu ne peux pas cueillir les étoiles!

— Non, mais je puis les placer en banque.

— Qu'est-ce que ça veut dire?

— Ça veut dire que j'écris sur un petit papier le nombre de mes étoiles. Et puis j'enferme à clef ce papier-là dans un tiroir.

— Et c'est tout?

— Ça suffit!

"C'est amusant, pensa le petit prince. C'est assez poétique. Mais ce n'est pas très sérieux."

Le petit prince avait sur les choses sérieuses des idées très différentes des idées des grandes personnes.

— Moi, dit-il encore, je possède une fleur que j'arrose tous les jours. Je possède trois volcans que je ramone toutes les semaines. Car je ramone aussi celui qui est éteint. On ne sait jamais. C'est utile à mes volcans, et c'est utile à ma fleur, que je les possède. Mais tu n'es pas utile aux étoiles...

Le businessman ouvrit la bouche mais ne trouva rien à répondre, et le petit prince s'en fut.

— Les grandes personnes sont décidément tout à fait extraordinaires, se disait-il simplement en lui-même durant le voyage.

XIV

La cinquième planète était très curieuse. C'était la plus petite de toutes. Il y avait là juste assez de place pour loger un réverbère et un allumeur de réverbères. Le petit prince ne parvenait pas à s'expliquer à quoi pouvaient servir, quelque part dans le ciel, sur une planète sans maison ni population, un réverbère et un allumeur de réverbères. Cependant il se dit en lui-même:

"Peut-être bien que cet homme est absurde. Cependant il est moins absurde que le roi, que le vaniteux, que le businessman et que le buveur. Au moins son travail a-t-il un sens. Quand il allume son réverbère, c'est comme s'il faisait naître une étoile de plus, ou une fleur. Quand il éteint son réverbère, ça endort la fleur ou l'étoile. C'est une occupation très jolie. C'est véritablement utile puisque c'est joli."

Lorsqu'il aborda la planète, il salua respectueusement l'allumeur:

— Bonjour. Pourquoi viens-tu d'éteindre ton réverbère?

— C'est la consigne, répondit l'allumeur. Bonjour.

— Qu'est-ce que la consigne?

— C'est d'éteindre mon réverbère. bonsoir.

Et il le ralluma.

— Mais pourquoi viens-tu de le rallumer?

— C'est la consigne, répondit l'allumeur.

— Je ne comprends pas, dit le petit prince.

— Il n'y a rien à comprendre, dit l'allumeur. La consigne c'est la consigne. Bonjour."

Et il éteignit son réverbère.

Puis il s'épongea le front avec un mouchoir à carreaux rouges.

— Je fais là un métier terrible. C'était raisonnable autrefois. J'éteignais le matin et j'allumais le soir. J'avais le reste du jour pour me reposer, et le reste de la nuit pour dormir...

— Et, depuis cette époque, la consigne a changé?

— La consigne n'a pas changé, dit l'allumeur. C'est bien là le drame! La planète d'année en année a tourné de plus en plus vite, et la consigne n'a pas changé!

— Alors? dit le petit prince.

— Alors maintenant qu'elle fait un tour par minute, je n'ai plus une seconde de repos. J'allume et j'éteins une fois par minute!

 "Je fais là un métier terrible."

— Ça c'est drôle! Les jours chez toi durent une minute!

— Ce n'est pas drôle du tout, dit l'allumeur. Ça fait déjà un mois que nous parlons ensemble.

— Un mois?

— Oui. Trente minutes. Trente jours! Bonsoir.

Et il ralluma son réverbère.

Le petit prince le regarda et il aima cet allumeur qui était tellement fidèle à la consigne. Il se souvint des couchers de soleil que lui-même allait autrefois chercher, en tirant sa chaise. Il voulut aider son ami:

— Tu sais... je connais un moyen de te reposer quand tu voudras...

— Je veux toujours, dit l'allumeur.

Car on peut être, à la fois, fidèle et paresseux.

Le petit prince poursuivit:

— Ta planète est tellement petite que tu en fais le tour en trois enjambées. Tu n'as qu'à marcher assez lentement pour rester toujours au soleil. Quand tu voudras te reposer tu marcheras... et le jour durera aussi longtemps que tu voudras.

— Ça ne m'avance pas à grand-chose, dit l'allumeur. Ce que j'aime dans la vie, c'est dormir.

— Ce n'est pas de chance, dit le petit prince.

— Ce n'est pas de chance, dit l'allumeur. Bonjour.

Et il éteignit son réverbère.

"Celui-là, se dit le petit prince, tandis qu'il poursuivait plus loin son voyage, celui-là serait méprisé par tous les autres, par le roi, par le vaniteux, par le buveur, par le businessman. Cependant c'est le seul qui ne me paraisse pas ridicule. C'est, peut-être, parce qu'il

s'occupe d'autre chose que de soi-même."

Il eut un soupir de regret et se dit encore:

"Celui-là est le seul dont j'eusse pu faire mon ami. Mais sa planète est vraiment trop petite. Il n'y a pas de place pour deux..."

Ce que le petit prince n'osait pas s'avouer, c'est qu'il regrettait cette planète bénie à cause, surtout, des mille quatre cent quarante couchers de soleil par vingt-quatre heures!

XV

La sixième planète était une planète dix fois plus vaste. Elle était habitée par un vieux monsieur qui écrivait d'énormes livres.

— Tiens! voilà un explorateur! s'écria-t-il, quand il aperçut le petit prince.

Le petit prince s'assit sur la table et souffla un peu. Il avait déjà tant voyagé!

— D'où viens-tu? lui dit le vieux monsieur.

— Quel est ce gros livre? dit le petit prince. Que faites-vous ici?

— Je suis géographe, dit le vieux monsieur.

— Qu'est-ce qu'un géographe?

— C'est un savant qui connaît où se trouvent les mers, les fleuves, les villes, les montagnes et les déserts.

— Ça c'est bien intéressant, dit le petit prince. Ça c'est enfin un véritable métier! Et il jeta un coup d'œil autour de lui sur la planète du géographe. Il n'avait jamais vu encore une planète aussi majestueuse.

— Elle est bien belle, votre planète. Est-ce qu'il y a des océans?

— Je ne puis pas le savoir, dit le géographe.

— Ah! (Le petit prince était déçu.) Et des montagnes?

— Je ne puis pas le savoir, dit le géographe.

— Et des villes et des fleuves et des déserts?

— Je ne puis pas le savoir non plus, dit le géographe.

— Mais vous êtes géographe!

— C'est exact, dit le géographe, mais je ne suis pas explorateur. Je manque absolument d'explorateurs. Ce n'est pas le géographe qui va faire le compte des villes, des fleuves, des montagnes, des mers, des océans et des déserts. Le géographe est trop important pour flâner. Il ne quitte pas son bureau. Mais il y reçoit les explorateurs. Il les interroge, et il prend en note leurs souvenirs. Et si les souvenirs de l'un d'entre eux lui paraissent intéressants, le géographe fait faire une enquête sur la moralité de l'explorateur.

— Pourquoi ça?

— Parce qu'un explorateur qui mentirait entraînerait des catastrophes dans les livres de géographie. Et aussi un explorateur qui boirait trop.

— Pourquoi ça? fit le petit prince.

— Parce que les ivrognes voient double. Alors le géographe noterait deux montagnes, là où il n'y en a qu'une seule.

— Je connais quelqu'un, dit le petit prince, qui serait mauvais explorateur.

— C'est possible. Donc, quand la moralité de l'explorateur paraît bonne, on fait une enquête sur sa découverte.

— On va voir?

— Non. C'est trop compliqué. Mais on exige de l'explorateur qu'il fournisse des preuves. S'il s'agit par exemple de la découverte d'une grosse montagne, on exige qu'il en rapporte de grosses pierres.

Le géographe soudain s'émut.

— Mais toi, tu viens de loin! tu es explorateur! tu vas me décrire ta planète!

Et le géographe, ayant ouvert son registre, tailla son crayon. On note d'abord au crayon les récits des explorateurs. On attend, pour noter à l'encre, que l'explorateur ait fourni des preuves.

— Alors? interrogea le géographe.

— Oh! chez moi, dit le petit prince, ce n'est pas très intéressant, c'est tout petit. J'ai trois volcans. Deux volcans en activité, et un volcan éteint. Mais on ne sait jamais.

— On ne sait jamais, dit le géographe.

— J'ai aussi une fleur.

— Nous ne notons pas les fleurs, dit le géographe.

— Pourquoi ça! c'est le plus joli!

— Parce que les fleurs sont éphémères.

— Qu'est-ce que signifie "éphémère"?

— Les géographies, dit le géographe, sont les livres les plus sérieux de tous les livres. Elles ne se démodent jamais. Il est très rare qu'une montagne change de place. Il est très rare qu'un océan se vide de son eau. Nous écrivons des choses éternelles.

— Mais les volcans éteints peuvent se réveiller, interrompit le petit prince. Qu'est-ce que signifie "éphémère"?

— Que les volcans soient éteints ou soient éveillés, ça revient au même pour nous autres, dit le géographe. Ce qui compte pour nous, c'est la montagne. Elle ne change pas.

— Mais qu'est-ce que signifie "éphémère"? répéta le petit prince qui, de sa vie, n'avait renoncé à une question, une fois qu'il l'avait posée.

— Ça signifie "qui est menacé de disparition prochaine".

— Ma fleur est menacée de disparition prochaine?

— Bien sûr.

"Ma fleur est éphémère, se dit le petit prince, et elle n'a que quatre épines pour se défendre contre le monde! Et je l'ai laissée toute seule chez moi! "

Ce fut là son premier mouvement de regret. Mais il reprit courage:

— Que me conseillez-vous d'aller visiter? demanda-t-il.

— La planète Terre, lui répondit le géographe. Elle a une bonne réputation...

Et le petit prince s'en fut, songeant à sa fleur.

XVI

La septième planète fut donc la Terre.

La Terre n'est pas une planète quelconque! On y compte cent onze rois (en n'oubliant pas, bien sûr, les rois nègres), sept mille géographes, neuf cent mille businessmen, sept millions et demi d'ivrognes, trois cent onze millions de vaniteux, c'est-à-dire environ deux milliards de grandes personnes.

Pour vous donner une idée des dimensions de la Terre je vous dirai qu'avant l'invention de l'électricité on y devait entretenir, sur l'ensemble des six continents, une véritable armée de quatre cent soixante deux mille cinq cent onze allumeurs de réverbères.

Vu d'un peu loin ça faisait un effet splendide. Les mouvements de cette armée étaient réglés comme ceux d'un ballet d'opéra. D'abord venait le tour des allumeurs de réverbères de Nouvelle-Zélande et d'Australie. Puis ceux-ci, ayant allumé leurs lamions, s'en allaient dormir. Alors entraient à leur tour dans la danse les allumeurs de réverbères de Chine et de Sibérie. Puis eux aussi s'escamotaient dans les coulisses. Alors venait le tour des allumeurs de réverbères de Russie et des Indes. Puis de ceux d'Afrique et d'Europe. Puis de ceux d'Amérique du Sud. Puis de ceux d'Amérique du Nord. Et jamais ils ne se trompaient dans leur ordre d'entrée en scène. C'était grandiose.

Seuls, l'allumeur de l'unique réverbère du pôle Nord, et son confrère de l'unique réverbère du pôle Sud, menaient des vies d'oisiveté et de nonchalance: ils travaillaient deux fois par an.

XVII

Quand on veut faire de l'esprit, il arrive que l'on mente un peu. Je n'ai pas été très honnête en vous parlant des allumeurs de réverbères. Je risque de donner une fausse idée de notre planète à ceux qui ne la connaissent pas. Les hommes occupent très peu de place sur la Terre. Si les deux milliards d'habitants qui peuplent la Terre se tenaient debout et un peu serrées, comme pour un meeting, ils logeraient aisément sur une place publique de vingt milles de long sur vingt milles de large. On pourrait entasser l'humanité sur le moindre petit îlot du Pacifique.

Les grandes personnes, bien sûr, ne vous croiront pas. Elles s'imaginent tenir beaucoup de place. Elles se voient importantes comme des baobabs. Vous leur conseillerez donc de faire le calcul. Elles adorent les chiffres: ça leur plaira. Mais ne perdez pas votre temps à ce pensum. C'est inutile. Vous avez confiance en moi.

Le petit prince, une fois sur Terre, fut donc bien surpris de ne voir personne. Il avait déjà peur de s'être trompé de planète, quand un anneau couleur de lune remua dans le sable.

— Bonne nuit, fit le petit prince à tout hasard.

— Bonne nuit, fit le serpent.

— Sur quelle planète suis-je tombé? demanda le petit prince.

— Sur la Terre, en Afrique, répondit le serpent.

— Ah! ... Il n'y a donc personne sur la Terre?

— Ici c'est le désert. Il n'y a personne dans les déserts. La Terre est grande, dit le serpent.

Le petit prince s'assit sur une pierre et leva les yeux vers le ciel:

— Je me demande, dit-il, si les étoiles sont éclairées afin que chacun puisse un jour retrouver la sienne. Regarde ma planète. Elle est juste au-dessus de nous... Mais comme elle est loin!

— Elle est belle, dit le serpent. Que viens-tu faire ici?

— J'ai des difficultés avec une fleur, dit le petit prince.

— Ah! fit le serpent.

Et ils se turent.

— Où sont les hommes? reprit enfin le petit prince. On est un peu seul dans le désert...

— On est seul aussi chez les hommes, dit le serpent.

Le petit prince le regarda longtemps:

— Tu es une drôle de bête, lui dit-il enfin, mince comme un doigt...

— Mais je suis plus puissant que le doigt d'un roi, dit le serpent.

Le petit prince eut un sourire:

— Tu n'es pas bien puissant... tu n'as même pas de pattes... tu ne peux même pas voyager...

— Je puis t'emporter plus loin qu'un navire, dit le serpent.

Il s'enroula autour de la cheville du petit prince, comme un bracelet d'or:

— Celui que je touche, je le rends à la terre dont il est sorti, dit-il encore. Mais tu es pur et tu viens d'une étoile...

Le petit prince ne répondit rien.

"Tu es une drôle de bête, lui dit-il enfin,
mince comme un doigt..."

— Tu me fais pitié, toi si faible, sur cette Terre de granit. Je puis t'aider un jour si tu regrettes trop ta planète. Je puis...

— Oh! J'ai très bien compris, fit le petit prince, mais pourquoi parles-tu toujours par énigmes?

— Je les résous toutes, dit le serpent.

Et ils se turent.

XVIII

Le petit prince traversa le désert et ne rencontra qu'une fleur. Une fleur à trois pétales, une fleur de rien du tout...

— Bonjour, dit le petit prince.

— Bonjour, dit la fleur.

— Où sont les hommes? demanda poliment le petit prince.

La fleur, un jour, avait vu passer une caravane:

— Les hommes? Il en existe, je crois, six ou sept. Je les ai aperçus il y a des années. Mais on ne sait jamais où les trouver. Le vent les promène. Ils manquent de racines, ça les gêne beaucoup.

— Adieu, fit le petit prince.

— Adieu, dit la fleur.

XIX

Le petit prince fit l'ascension d'une haute montagne. Les seules montagnes qu'il eût jamais connues étaient les trois volcans qui lui arrivaient au genou. Et il se servait du volcan éteint comme d'un tabouret. "D'une montagne haute comme celle-ci, se dit-il donc, j'apercevrai d'un coup toute la planète et tous les hommes..." Mais il n'aperçut rien que des aiguilles de roc bien aiguisées.

— Bonjour, dit-il à tout hasard.

— Bonjour... Bonjour... Bonjour... répondit l'écho.

— Qui êtes-vous? dit le petit prince.

— Qui êtes-vous... qui êtes-vous... qui êtes-vous... répondit l'écho.

— Soyez mes amis, je suis seul, dit-il.

— Je suis seul... je suis seul... je suis seul..., répondit l'écho.

"Quelle drôle de planète! pensa-t-il alors. Elle est toute sèche, et toute pointue et toute salée. Et les hommes manquent d'imagination. Ils répètent ce qu'on leur dit... Chez moi j'avais une fleur: elle parlait toujours la première..."

"Cette planète est toute sèche, et toute pointue
et toute salée."

66

XX

Mais il arriva que le petit prince, ayant longtemps marché à travers les sables, les rocs et les neiges, découvrit enfin une route. Et les routes vont toutes chez les hommes.

— Bonjour, dit-il.

C'était un jardin fleuri de roses.

— Bonjour, dirent les roses.

Le petit prince les regarda. Elles ressemblaient toutes à sa fleur.

— Qui êtes-vous? leur demanda-t-il, stupéfait.

— Nous sommes des roses, dirent les roses.

— Ah! fit le petit prince...

Et il se sentit très malheureux. Sa fleur lui avait raconté qu'elle était seule de son espèce dans l'univers. Et voici qu'il en était cinq mille, toutes semblables, dans un seul jardin!

"Elle serait bien vexée, se dit-il, si elle voyait ça... elle tousserait énormément et ferait semblant de mourir pour échapper au ridicule. Et je serais bien obligé de faire semblant de la soigner, car, sinon, pour m'humilier moi aussi, elle se laisserait vraiment mourir..."

Puis il se dit encore: "Je me croyais riche d'une fleur unique, et je ne possède qu'une rose ordinaire. Ça et mes trois volcans qui m'arrivent au genou, et dont l'un, peut-être, est éteint pour toujours, ça ne fait pas de moi un bien grand prince..." Et, couché dans l'herbe, il pleura.

XXI

C'est alors qu'apparut le renard:

— Bonjour, dit le renard.

— Bonjour, répondit poliment le petit prince, qui se retourna mais ne vit rien.

— Je suis là, dit la voix, sous le pommier...

— Qui es-tu? dit le petit prince. Tu es bien joli...

— Je suis un renard, dit le renard.

— Viens jouer avec moi, lui proposa le petit prince. Je suis tellement triste...

Et, couché dans l'herbe, il pleura.

— Je ne puis pas jouer avec toi, dit le renard. Je ne suis pas apprivoisé.

— Ah! pardon, fit le petit prince.

Mais, après réflexion, il ajouta:

— Qu'est-ce que signifie "apprivoiser"?

— Tu n'es pas d'ici, dit le renard, que cherches-tu?

— Je cherche les hommes, dit le petit prince. Qu'est-ce que signifie "apprivoiser"?

— Les hommes, dit le renard, ils ont des fusils et ils chassent. C'est bien gênant! Ils élèvent aussi des poules. C'est leur seul intérêt. Tu cherches des poules?

— Non, dit le petit prince. Je cherche des amis. Qu'est-ce que signifie "apprivoiser"?

— C'est une chose trop oubliée, dit le renard. Ça signifie "créer des liens...".

— Créer des liens?

— Bien sûr, dit le renard. Tu n'es encore pour moi qu'un petit garçon tout semblable à cent mille petits garçons. Et je n'ai pas besoin de toi. Et tu n'as pas besoin de moi non plus. Je ne suis pour toi qu'un renard semblable à cent mille renards. Mais si tu m'apprivoises, nous aurons besoin l'un de l'autre. Tu seras pour moi unique au monde. Je serai pour toi unique au monde...

— Je commence à comprendre, dit le petit prince. Il y a une fleur... je crois qu'elle m'a apprivoisé...

— C'est possible, dit le renard. On voit sur la Terre toutes sortes de choses...

— Oh! ce n'est pas sur la Terre, dit le petit prince.

Le renard parut très intrigué:

— Sur une autre planète?

— Oui.

— Il y a des chasseurs, sur cette planète-là?

— Non.

— Ça, c'est intéressant! Et des poules?

— Non.

— Rien n'est parfait, soupira le renard.

Mais le renard revint à son idée:

— Ma vie est monotone. Je chasse les poules, les hommes me chassent. Toutes les poules se ressemblent, et tous les hommes se ressemblent. Je m'ennuie donc un peu. Mais, si tu m'apprivoises, ma vie sera comme ensoleillée. Je connaîtrai un bruit de pas qui sera différent de tous les autres. Les autres pas me font rentrer sous terre. Le tien m'appellera hors du terrier, comme une musique. Et puis regarde! Tu vois, là-bas, les champs de blé? Je ne mange pas

de pain. Le blé pour moi est inutile. Les champs de blé ne me rappellent rien. Et ça, c'est triste! Mais tu as des cheveux couleur d'or. Alors ce sera merveilleux quand tu m'auras apprivoisé! Le blé, qui est doré, me fera souvenir de toi. Et j'aimerai le bruit du vent dans le blé...

Le renard se tut et regarda longtemps le petit prince:

— S'il te plaît... apprivoise-moi! dit-il.

— Je veux bien, répondit le petit prince, mais je n'ai pas beaucoup de temps. J'ai des amis à découvrir et beaucoup de choses à connaître.

— On ne connaît que les choses que l'on apprivoise, dit le renard. Les hommes n'ont plus le temps de rien connaître. Ils achètent des choses toutes faites chez les marchands. Mais comme il n'existe point de marchands d'amis, les hommes n'ont plus d'amis. Si tu veux un ami, apprivoise-moi!

— Que faut-il faire? dit le petit prince.

— Il faut être très patient, répondit le renard. Tu t'assoiras d'abord un peu loin de moi, comme ça, dans l'herbe. Je te regarderai du coin de l'œil et tu ne diras rien. Le langage est source de malentendus. Mais, chaque jour, tu pourras t'asseoir un peu plus près...

Le lendemain revint le petit prince.

— Il eût mieux valu revenir à la même heure, dit le renard. Si tu viens, par exemple, à quatre heures de l'après-midi, dès trois heures je commencerai d'être heureux. Plus l'heure avancera, plus je me sentirai heureux. À quatre heures, déjà, je m'agiterai et m'inquiéterai: je découvrirai le prix du bonheur! Mais si tu viens n'importe quand, je ne saurai jamais à quelle heure m'habiller le cœur... Il faut des rites.

— Qu'est-ce qu'un rite? dit le petit prince.

— C'est aussi quelque chose de trop oublié, dit le renard. C'est ce qui fait qu'un jour est différent des autres jours, une heure, des autres heures. Il y a un rite, par exemple, chez mes chasseurs. Ils dansent le jeudi avec les filles du village. Alors le jeudi est jour merveilleux! Je vais me promener jusqu'à la vigne. Si les chasseurs dansaient n'importe quand, les jours se ressembleraient tous, et je n'aurais point de vacances.

Ainsi, le petit prince apprivoisa le renard. Et quand l'heure du départ fut proche:

— Ah! dit le renard... Je pleurerai.

— C'est ta faute, dit le petit prince, je ne te souhaitais point de mal, mais tu as voulu que je t'apprivoise...

— Bien sûr, dit le renard.

— Mais tu vas pleurer! dit le petit prince.

— Bien sûr, dit le renard.

— Alors tu n'y gagnes rien!

"Si tu viens, par exemple, à quatre heures
de l'après-midi, dès trois heures
je commencerai d'être heureux."

— J'y gagne, dit le renard, à cause de la couleur du blé.

Puis il ajouta:

— Va revoir les roses. Tu comprendras que la tienne est unique au monde. Tu reviendras me dire adieu, et je te ferai cadeau d'un secret.

Le petit prince s'en fut revoir les roses:

— Vous n'êtes pas du tout semblables à ma rose, vous n'êtes rien encore, leur dit-il. Personne ne vous a apprivoisées et vous n'avez apprivoisé personne. Vous êtes comme était mon renard. Ce n'était qu'un renard semblable à cent mille autres. Mais j'en ai fait mon ami, et il est maintenant unique au monde.

Et les roses étaient bien gênées.

— Vous êtes belles, mais vous êtes vides, leur dit-il encore. On ne peut pas mourir pour vous. Bien sûr, ma rose à moi, un passant ordinaire croirait qu'elle vous ressemble. Mais à elle seule elle est plus importante que vous toutes, puisque c'est elle que j'ai arrosée. Puisque c'est elle que j'ai mise sous globe. Puisque c'est elle que j'ai abritée par le paravent. Puisque c'est elle dont j'ai tué les chenilles (sauf les deux ou trois pour les papillons). Puisque c'est elle que j'ai écoutée se plaindre, ou se vanter, ou même quelquefois se taire. Puisque c'est ma rose.

Et il revint vers le renard:

— Adieu, dit-il...

— Adieu, dit le renard. Voici mon secret. Il est très simple: on ne voit bien qu'avec le cœur. L'essentiel est invisible pour les yeux.

— L'essentiel est invisible pour les yeux, répéta le petit prince, afin de se souvenir.

— C'est le temps que tu as perdu pour ta rose qui fait ta rose si importante.

— C'est le temps que j'ai perdu pour ma rose... fit le petit prince, afin de se souvenir.

— Les hommes ont oublié cette vérité, dit le renard. Mais tu ne dois pas l'oublier. Tu deviens responsable pour toujours de ce que tu as apprivoisé. Tu es responsable de ta rose...

— Je suis responsable de ma rose... répéta le petit prince, afin de se souvenir.

XXII

— Bonjour, dit le petit prince.

— Bonjour, dit l'aiguilleur.

— Que fais-tu ici? dit le petit prince.

— Je trie les voyageurs, par paquets de mille, dit l'aiguilleur. J'expédie les trains qui les emportent, tantôt vers la droite, tantôt vers la gauche.

Et un rapide illuminé, grondant comme le tonnerre, fit trembler la cabine d'aiguillage.

— Ils sont bien pressés, dit le petit prince. Que cherchent-ils?

— L'homme de la locomotive l'ignore lui-même, dit l'aiguilleur.

Et gronda, en sens inverse, un second rapide illuminé.

— Ils reviennent déjà? demanda le petit prince...

— Ce ne sont pas les mêmes, dit l'aiguilleur. C'est un échange.

— Ils n'étaient pas contents, là où ils étaient?

— On n'est jamais content là où l'on est, dit l'aiguilleur.

Et gronda le tonnerre d'un troisième rapide illuminé.

— Ils poursuivent les premiers voyageurs? demanda le petit prince.

— Ils ne poursuivent rien du tout, dit l'aiguilleur. Ils dorment là-dedans, ou bien ils bâillent. Les enfants seuls écrasent leur nez contre les vitres.

— Les enfants seuls savent ce qu'ils cherchent, fit le petit prince. Ils perdent du temps pour une poupée de chiffons, et elle devient très importante, et si on la leur enlève, ils pleurent...

— Ils ont de la chance, dit l'aiguilleur.

XXIII

— Bonjour, dit le petit prince.

— Bonjour, dit le marchand.

C'était un marchand de pilules perfectionnées qui apaisent la soif. On en avale une par semaine et l'on n'éprouve plus le besoin de boire.

— Pourquoi vends-tu ça? dit le petit prince.

— C'est une grosse économie de temps, dit le marchand. Les experts ont fait des calculs. On épargne cinquante-trois minutes par semaine.

— Et que fait-on de ces cinquante-trois minutes?

— On en fait ce que l'on veut...

"Moi, se dit le petit prince, si j'avais cinquante-trois minutes à dépenser, je marcherais tout doucement vers une fontaine..."

XXIV

Nous en étions au huitième jour de ma panne dans le désert, et j'avais écouté l'histoire du marchand en buvant la dernière goutte de ma provision d'eau:

— Ah! dis-je au petit prince, ils sont bien jolis, tes souvenirs, mais je n'ai pas encore réparé mon avion, je n'ai plus rien à boire, et je serais heureux, moi aussi, si je pouvais marcher tout doucement vers une fontaine!

— Mon ami le renard, me dit-il...

— Mon petit bonhomme, il ne s'agit plus du renard!

— Pourquoi?

— Parce qu'on va mourir de soif...

Il ne comprit pas mon raisonnement, il me répondit:

— C'est bien d'avoir eu un ami, même si l'on va mourir. Moi, je suis bien content d'avoir eu un ami renard...

— Il ne mesure pas le danger, me dis-je. Il n'a jamais ni faim ni soif. Un peu de soleil lui suffit...

Mais il me regarda et répondit à ma pensée:

— J'ai soif aussi... cherchons un puits...

J'eus un geste de lassitude: il est absurde de chercher un puits, au hasard, dans l'immensité du désert. Cependant nous nous mîmes en marche.

Quand nous eûmes marché, des heures, en silence, la nuit tomba, et les étoiles commencèrent de s'éclairer. Je les apercevais comme en rêve, ayant un peu de fièvre, à cause de ma soif. Les mots du petit prince dansaient dans ma mémoire:

— Tu as donc soif, toi aussi? lui demandai-je.

Mais il ne répondit pas à ma question. Il me dit simplement:

— L'eau peut aussi être bonne pour le cœur...

Je ne compris pas sa réponse mais je me tus... Je savais bien qu'il ne fallait pas l'interroger.

Il était fatigué. Il s'assit. Je m'assis auprès de lui. Et, après un silence, il dit encore:

— Les étoiles sont belles, à cause d'une fleur que l'on ne voit pas...

Je répondis "bien sûr" et je regardai, sans parler, les plis du sable sous la lune.

— Le désert est beau, ajouta-t-il...

Et c'était vrai. J'ai toujours aimé le désert. On s'assoit sur une dune de sable. On ne voit rien. On n'entend rien. Et cependant quelque chose rayonne en silence...

Ce qui embellit le désert, dit le petit prince, c'est qu'il cache un puits quelque part...

Je fus surpris de comprendre soudain ce mystérieux rayonnement du sable. Lorsque j'étais petit garçon, j'habitais une maison ancienne, et la légende racontait qu'un trésor y était enfoui. Bien sûr, jamais personne n'a su le découvrir, ni peut-être même ne l'a cherché. Mais il enchantait toute cette maison. Ma maison cachait un secret au fond de son cœur...

— Oui, dis-je au petit prince, qu'il s'agisse de la maison, des étoiles ou du désert, ce qui fait leur beauté est invisible!

— Je suis content, dit-il, que tu sois d'accord avec mon renard.

Comme le petit prince s'endormait, je le pris dans mes bras, et me remis en route. J'étais ému. Il me semblait porter un trésor fragile. Il me semblait même qu'il n'y eût rien de plus fragile sur la Terre. Je regardais, à la lumière de la lune, ce front pâle, ces yeux clos, ces mèches de cheveux qui tremblaient au vent, et je me disais: "Ce que je vois là n'est qu'une écorce. Le plus important est invisible..."

Comme ses lèvres entrouvertes ébauchaient un demi-sourire je me dis encore: "Ce qui m'émeut si fort de ce petit prince endormi, c'est sa fidélité pour une fleur, c'est l'image d'une rose qui rayonne

Il rit, toucha la corde, fit jouer la poulie.

en lui comme la flamme d'une lampe, même quand il dort..." Et je le devinai plus fragile encore. Il faut bien protéger les lampes: un coup de vent peut les éteindre...

Et, marchant ainsi, je découvris le puits au lever du jour.

XXV

— Les hommes, dit le petit prince, ils s'enfournent dans les rapides, mais ils ne savent plus ce qu'ils cherchent. Alors ils s'agitent et tournent en rond...

Et il ajouta:

— Ce n'est pas la peine...

Le puits que nous avions atteint ne ressemblait pas aux puits sahariens. Les puits sahariens sont de simples trous creusés dans le sable. Celui-là ressemblait à un puits de village. Mais il n'y avait là aucun village, et je croyais rêver.

— C'est étrange, dis-je au petit prince, tout est prêt: la poulie, le seau et la corde...

Il rit, toucha la corde, fit jouer la poulie.

Et la poulie gémit comme gémit une vieille girouette quand le vent a longtemps dormi.

— Tu entends, dit le petit prince, nous réveillons ce puits et il chante...

Je ne voulais pas qu'il fit un effort:

— Laisse-moi faire, lui dis-je, c'est trop lourd pour toi.

Lentement je hissai le seau jusqu'à la margelle. Je l'y installai bien d'aplomb. Dans mes oreilles durait le chant de la poulie et, dans l'eau qui tremblait encore, je voyais trembler le soleil.

— J'ai soif de cette eau-là, dit le petit prince, donne-moi à boire...

Et je compris ce qu'il avait cherché!

Je soulevai le seau jusqu'à ses lèvres. Il but, les yeux fermés. C'était doux comme une fête. Cette eau était bien autre chose qu'un aliment. Elle était née de la marche sous les étoiles, du chant de la poulie, de l'effort de mes bras. Elle était bonne pour le cœur, comme un cadeau. Lorsque j'étais petit garçon, la lumière de l'arbre de Noël, la musique de la messe de minuit, la douceur des sourires faisaient, ainsi, tout le rayonnement du cadeau de Noël que je recevais.

— Les hommes de chez toi, dit le petit prince, cultivent cinq mille roses dans un même jardin... et ils n'y trouvent pas ce qu'ils cherchent...

— Ils ne le trouvent pas, répondis-je...

— Et cependant ce qu'ils cherchent pourrait être trouvé dans une seule rose ou un peu d'eau...

— Bien sûr, répondis-je.

Et le petit prince ajouta:

— Mais les yeux sont aveugles. Il faut chercher avec le cœur.

J'avais bu. Je respirais bien. Le sable, au lever du jour, est couleur de miel. J'étais heureux aussi de cette couleur de miel. Pourquoi fallait-il que j'eusse de la peine...

— Il faut que tu tiennes ta promesse, me dit doucement le petit

83

prince, qui, de nouveau, s'était assis auprès de moi.

— Quelle promesse?

— Tu sais... une muselière pour mon mouton... je suis responsable de cette fleur!

Je sortis de ma poche mes ébauches de dessin. Le petit prince les aperçut et dit en riant:

— Tes baobabs, ils ressemblent un peu à des choux...

— Oh!

Moi qui étais si fier des baobabs!

— Ton renard... ses oreilles... elles ressemblent un peu à des cornes... et elles sont trop longues!

Et il rit encore.

— Tu es injuste, petit bonhomme, je ne savais rien dessiner que les boas fermés et les boas ouverts.

— Oh! ça ira, dit-il, les enfants savent.

Je crayonnai donc une muselière. Et j'eus le cœur serré en la lui donnant:

— Tu as des projets que j'ignore...

Mais il ne me répondit pas. Il me dit:

— Tu sais, ma chute sur la Terre... c'en sera demain l'anniversaire...

Puis, après un silence il dit encore:

— J'étais tombé tout près d'ici...

Et il rougit.

Et de nouveau, sans comprendre pourquoi, j'éprouvais un chagrin bizarre. Cependant une question me vint:

— Alors ce n'est pas par hasard que, le matin où je t'ai connu, il y a huit jours, tu te promenais comme ça, tout seul, à mille milles de toutes les régions habitées! Tu retournais vers le point de ta chute?

Le petit prince rougit encore.

Et j'ajoutai, en hésitant:

— A cause, peut-être, de l'anniversaire?...

Le petit prince rougit de nouveau. Il ne répondait jamais aux questions, mais, quand on rougit, ça signifie "oui", n'est-ce pas?

— Ah! lui dis-je, j'ai peur...

Mais il me répondit:

— Tu dois maintenant travailler. Tu dois repartir vers ta machine. Je t'attends ici. Reviens demain soir...

Mais je n'étais pas rassuré. Je me souvenais du renard. On risque de pleurer un peu si l'on s'est laissé apprivoiser...

XXVI

Il y avait, à côté du puits, une ruine de vieux mur de pierre. Lorsque je revins de mon travail, le lendemain soir, j'aperçus de loin mon petit prince assis là-haut, les jambes pendantes. Et je l'entendis qui parlait:

— Tu ne t'en souviens donc pas? disait-il. Ce n'est pas tout à fait ici!

Une autre voix lui répondit sans doute, puisqu'il répliqua:

— Si! Si! c'est bien le jour, mais ce n'est pas ici l'endroit...

Je poursuivis ma marche vers le mur. Je ne voyais ni n'entendais toujours personne. Pourtant le petit prince répliqua de nouveau:

— ...Bien sûr. Tu verras où commence ma trace dans le sable. Tu n'as qu'à m'y attendre. J'y serai cette nuit.

J'étais à vingt mètres du mur et je ne voyais toujours rien.

Le petit prince dit encore, après un silence:

— Tu as du bon venin? Tu es sûr de ne pas me faire souffrir longtemps?

Je fis halte, le cœur serré, mais je ne comprenais toujours pas.

— Maintenant, va-t'en, dit-il... Je veux redescendre!

Alors j'abaissais moi-même les yeux vers le pied du mur, et je fis un bond! Il était là, dressé vers le petit prince, un de ces serpents jaunes qui vous exécutent en trente secondes. Tout en fouillant ma poche pour en tirer mon revolver, je pris le pas de course, mais, au bruit que je fis, le serpent se laissa doucement couler dans le sable, comme un jet d'eau qui meurt, et sans trop se presser, se faufila entre les pierres avec un léger bruit de métal.

Je parvins au mur juste à temps pour y recevoir dans les bras mon petit bonhomme de prince, pâle comme la neige.

— Quelle est cette histoire-là! Tu parles maintenant avec les serpents!

J'avais défait son éternel cache-nez d'or. Je lui avais mouillé les tempes et l'avais fait boire. Et maintenant je n'osais plus rien lui demander. Il me regarda gravement et m'entoura le cou de ses bras. Je sentais battre son cœur comme celui d'un oiseau qui meurt, quand on l'a tiré à la carabine. Il me dit:

— Je suis content que tu aies trouvé ce qui manquait à ta machine. Tu vas pouvoir rentrer chez toi...

"Maintenant, va-t'en, dit-il... Je veux redescendre!"

— Comment sais-tu!

Je venais justement lui annoncer que, contre toute espérance, j'avais réussi mon travail!

Il ne répondit rien à ma question, mais il ajouta:

— Moi aussi, aujourd'hui, je rentre chez moi...

Puis, mélancolique:

— C'est bien plus loin... c'est bien plus difficile...

Je sentais bien qu'il se passait quelque chose d'extraordinaire. Je le serrais dans les bras comme un petit enfant, et cependant il me semblait qu'il coulait verticalement dans un abîme sans que je puisse rien pour le retenir...

Il avait le regard sérieux, perdu très loin:

— J'ai ton mouton. Et j'ai la caisse pour le mouton. Et j'ai la muselière...

Et il sourit avec mélancolie.

J'attendis longtemps. Je sentais qu'il se réchauffait peu à peu:

— Petit bonhomme, tu as eu peur...

Il avait eu peur, bien sûr! Mais il rit doucement:

— J'aurais bien plus peur ce soir...

De nouveau je me sentis glacé par le sentiment de l'irréparable. Et je compris que je ne supportais pas l'idée de ne plus jamais entendre ce rire. C'était pour moi comme une fontaine dans le désert.

— Petit bonhomme, je veux encore t'entendre rire...

Mais il me dit:

— Cette nuit, ça fera un an. Mon étoile se trouvera juste au-dessus de l'endroit où je suis tombé l'année dernière...

— Petit bonhomme, n'est-ce pas que c'est un mauvais rêve cette histoire de serpent et de rendez-vous et d'étoile...

Mais il ne répondit pas à ma question. Il me dit:

— Ce qui est important, ça ne se voit pas...

— Bien sûr...

— C'est comme pour la fleur. Si tu aimes une fleur qui se trouve dans une étoile, c'est doux, la nuit, de regarder le ciel. Toutes les étoiles sont fleuries.

— Bien sûr...

— C'est comme pour l'eau. Celle que tu m'as donnée à boire était comme une musique, à cause de la poulie et de la corde... tu te rappelles... elle était bonne.

— Bien sûr...

— Tu regarderas, la nuit, les étoiles. C'est trop petit chez moi pour que je te montre où se trouve la mienne. C'est mieux comme ça. Mon étoile, ça sera pour toi une des étoiles. Alors, toutes les étoiles, tu aimeras les regarder... Elles seront toutes tes amies. Et puis je vais te faire un cadeau...

Il rit encore.

— Ah! petit bonhomme, petit bonhomme, j'aime entendre ce rire!

— Justement ce sera mon cadeau... ce sera comme pour l'eau...

— Que veux-tu dire?

— Les gens ont des étoiles qui ne sont pas les mêmes. Pour les uns, qui voyagent, les étoiles sont des guides. Pour d'autres elles ne sont rien que de petites lumières. Pour d'autres, qui sont savants, elles sont des problèmes. Pour mon businessman elles étaient de

l'or. Mais toutes ces étoiles-là se taisent. Toi, tu auras des étoiles comme personne n'en a...

— Que veux-tu dire?

— Quand tu regarderas le ciel, la nuit, puisque j'habiterai dans l'une d'elles, puisque je rirai dans l'une d'elles, alors ce sera pour toi comme si riaient toutes les étoiles. Tu auras, toi, des étoiles qui savent rire!

Et il rit encore.

— Et quand tu seras consolé (on se console toujours) tu seras content de m'avoir connu. Tu seras toujours mon ami. Tu auras envie de rire avec moi. Et tu ouvriras parfois ta fenêtre, comme ça, pour le plaisir... Et tes amis seront bien étonnés de te voir rire en regardant le ciel. Alors tu leur diras: "Oui, les étoiles, ça me fait toujours rire! " Et ils te croiront fou. Je t'aurais joué un bien vilain tour...

Et il rit encore.

— Ce sera comme si je t'avais donné, au lieu d'étoiles, des tas de petits grelots qui savent rire...

Et il rit encore. Puis il redevint sérieux:

— Cette nuit... tu sais... ne viens pas.

— Je ne te quitterais pas.

— J'aurai l'air d'avoir mal... j'aurai un peu l'air de mourir. C'est comme ça. Ne viens pas voir ça, ce n'est pas la peine...

— Je ne te quitterai pas.

Mais il était soucieux.

— Je te dis ça... c'est à cause aussi du serpent. Il ne faut pas qu'il te morde... Les serpents, c'est méchant. Ça peut mordre pour le plaisir...

— Je ne te quietterai pas.

Mais quelque chose le rassura:

— C'est vrai qu'ils n'ont plus de venin pour la seconde morsure...

Cette nuit-là je ne le vis pas se mettre en route. Il s'était évadé sans bruit. Quand je réussis à le rejoindre il marchait décidé, d'un pas rapide. Il me dit seulement:

— Ah! tu es là...

Et il me prit par la main. Mais il se tourmenta encore:

— Tu as eu tort. Tu auras de la peine. J'aurai l'air d'être mort et ce ne sera pas vrai...

Moi je me taisais.

— Tu comprends. C'est trop loin. Je ne peux pas emporter ce corps-là. C'est trop lourd.

Moi je me taisais.

— Mais ce sera comme une vieille écorce abandonnée. Ce n'est pas triste les vieilles écorces...

Moi je me taisais.

Il se découragea un peu. Mais il fit encore un effort:

— Ce sera gentil, tu sais. Moi aussi, je regarderai les étoiles. Toutes les étoiles seront des puits avec une poulie rouillée. Toutes les étoiles me verseront à boire...

Moi je me taisais.

— Ce sera tellement amusant! Tu auras cinq cents millions de grelots, j'aurai cinq cents millions de fontaines...

Et il se tut aussi, parce qu'il pleurait...

— C'est là. Laisse-moi faire un pas tout seul.

Et il s'assit parce qu'il avait peur. Il dit encore:

— Tu sais... ma fleur... j'en suis responsable! Et elle est tellement faible! Et elle est tellement naïve. Elle a quatre épines de rien du tout pour la protéger contre le monde...

Moi je m'assis parce que je ne pouvais plus me tenir debout. Il dit:

— Voilà ... C'est tout...

Il hésita encore un peu, puis il se releva. Il fit un pas. Moi je ne pouvais pas bouger.

Il n'y eut rien qu'un éclair jaune près de sa cheville. Il demeura un instant immobile. Il ne cria pas. Il tomba doucement comme tombe un arbre. Ça ne fit même pas de bruit, à cause du sable.

XXVII

Et maintenant bien sûr, ça fait six ans déjà... Je n'ai jamais encore raconté cette histoire. Les camarades qui m'ont revu ont été bien contents de me revoir vivant. J'étais triste mais je leur disais: "C'est la fatigue..."

Maintenant je me suis un peu consolé. C'est-à-dire... pas tout à fait. Mais je sais bien qu'il est revenu à sa planète, car, au lever du jour, je n'ai pas retrouvé son corps. Ce n'était pas un corps tellement lourd... Et j'aime la nuit écouter les étoiles. C'est comme cinq cents millions de grelots...

Il tomba doucement comme tombe un arbre.

Mais voilà qu'il se passe quelque chose d'extraordinaire. La muselière que j'ai dessinée pour le petit prince, j'ai oublié d'y ajouter la courroie de cuir! Il n'aura jamais pu l'attacher au mouton. Alors je me demande: "Que s'est-il passé sur sa planète? Peut-être bien que le mouton a mangé la fleur..."

Tantôt je me dis: "Sûrement non! Le petit prince enferme sa fleur toutes les nuits sous son globe de verre, et il surveille bien son mouton..." Alors je suis heureux. Et toutes les étoiles rient doucement.

Tantôt je me dis: "On est distrait une fois ou l'autre, et ça suffit! Il a oublié, un soir, le globe de verre, ou bien le mouton est sorti sans bruit pendant la nuit..." Alors les grelots se changent tous en larmes! ...

C'est là un bien grand mystère. Pour vous qui aimez aussi le petit prince, comme pour moi, rien de l'univers n'est semblable si quelque part, on ne sait où un mouton que nous ne connaissons pas a, oui ou non, mangé une rose...

Regardez le ciel. Demandez-vous: "Le mouton oui ou non a-t-il mangé la fleur?" Et vous verrez comme tout change...

Et aucune grande personne ne comprendra jamais que ça a tellement d'importance!

Ça c'est, pour moi, le plus beau et le plus triste paysage du monde. C'est le même paysage que celui de la page précédente, mais je l'ai dessiné une fois encore pour bien vous le montrer. C'est ici que le petit prince a apparu sur terre, puis disparu.

Regardez attentivement ce paysage afin d'être sûrs de le reconnaître, si vous voyagez un jour en Afrique, dans le désert. Et, s'il vous arrive de passer par là, je vous en supplie, ne vous pressez pas, attendez un peu juste sous l'étoile! Si alors un enfant vient à vous, s'il rit, s'il a des cheveux d'or, s'il ne répond pas quand on l'interroge, vous devinerez bien qui il est. Alors soyez gentils! Ne me laissez pas tellement triste: écrivez-moi vite qu'il est revenu...

谨献给莱昂·维尔特

　　我请求孩子们原谅我把这本书献给一个大人。我有一个很严肃的理由：这个大人是我在这个世界上最好的朋友。我还有另外一个理由：这个大人什么都懂，包括写给孩子们看的书。我的第三个理由是：这个住在法国的大人又冷又饿。他非常需要安慰。如果所有这些理由都还不够，那么我很愿意把这本书献给这个大人身为小孩的时候。所有的大人一开始都是孩子。（但是很少有哪个大人还记得。）所以我把献词改为：

谨献给莱昂·维尔特
当他还是小男孩时

🪐 *1*

　　我六岁那年，看过一本书，书名叫《真实的故事》，内容是描述原始森林的，里面有一幅非常精美的图画。那是一条大蟒蛇，正在吞食一头野兽。这里是原图的一件复制品。

　　书上说："大蟒蛇嚼也不嚼地就将整只猎物吞下。吞下后，它们便再也无法动弹，必须用上整整六个月的时间，一面睡觉一面消化猎物。"

　　于是，我将各种惊险的丛林奇遇，仔仔细细地想了一遍，然后用一枝彩色铅笔，成功地画出了平生第一幅画。我的《第一号绘画作品》就像这个样子：

　　我把自己的杰作拿给大人们看，并问他们害不害怕。

　　没想到他们却回答："一顶帽子有什么好怕的呢?"

　　我画的并不是一顶帽子，而是一条正在消化一头大象的大蟒蛇。于是我把大蟒蛇内部的样子画出来，好让大人可以看懂。他们习惯每件事情都被解释得清清楚楚。这就是我的《第二号绘画作品》：

　　这一次，大人们说，不管是不是可以看得到里面，以后不要再画大蟒蛇了，我应该专心研读地理、历史、算术和文法才对。所以，我在六岁时放弃了以后可能成为一位伟大画家的机会。第一号和第二号作品的失败，很让我灰心丧气。大人们自己什么事都不懂，总是要让身为小孩的我们为他们解释，实在是很累人。

　　因此，我不得不选择了另一种职业——开飞机。我几乎飞遍了世界的每个角落；地理学知识也确实帮了我很大的忙。只要瞄一眼，我就可以分辨出是中国还是亚利桑纳。当你在夜间迷航时，这样的知识是很有用的。

　　这辈子，我接触过不少庄重严谨的人。我曾就近仔细地观察他们，结果并没有改变多少我对他们的看法。

　　有时，遇到看起来挺明白的人，我会拿出自己一直保存着的《第一号绘画作品》来试探一下，看他是否真的明白。但他总是回答："这是一顶帽子。"于是我绝对不会跟那个人谈起任何有关大蟒蛇、原始丛林或星星的话题。我会降低自己的水准来迁就他，跟他谈一些有关桥牌、高尔夫球、政治以及领带等等的话题。而他则会非常高兴，能认识一位如此通情达理的人。

2

　　因此，我一直都是一个人过活，没有什么真正谈得来的朋友。直到六年前，有一次我的飞机引擎在撒哈拉沙漠中发生故障。当时，既没有机械师，也没有任何旅客与我同行，我只好试着独自完成这项艰巨的修复工作。对我来说，这是生死攸关的大事：我所带的饮用水仅能勉强维持一个星期。

　　第一天晚上，我就睡在远离人烟千里之遥的沙地上。感觉上，比发生海难后乘坐救生筏、在汪洋大海中漂流的水手还要孤绝。所以，你不难想像，黎明时分，当一个细小而又古怪的声音叫醒我时，我的那份惊愕了。那声音说：

　　"可否请你——帮我画一只小绵羊？"

　　"什么？"

　　"帮我画一只绵羊！"

　　我倏地跳起，就象被闪电击中了似的。我用力揉了揉眼，

仔细地瞧了瞧，发现是一个非常奇特的小人儿，正用一种相当严肃的眼光审视着我。后来我为他画了一幅肖像画，你们瞧，就是这幅，是我为他画的最好的一幅。不过，我的画当然远没有他本人那么可爱。这也不能怪我。自从六岁那年，大人们挫败了我的画家生涯后，除了画过看得见和看不见身体内部的大蟒蛇外，往后我从没再学着画过任何东西。

此刻，我惊愕地睁圆了双眼，瞧着这个突然冒出来的人儿。别忘了，我当时身处在远离人烟千里之遥的沙漠中。况且，这个小家伙看起来既不像是迷了路，也不像累得要死、饿得要死、渴得要死或是怕得要死的样子。他实在一点儿也不像个在沙漠腹地、在远离人烟千里之遥的地方走失的小孩儿。当我终于能开口讲话的时候，我对他说：

"可是，你在这里做什么？"

他却以一种非常缓慢的语调重复道，仿佛在说一件十分重要的事：

"可否请你——帮我画一只小绵羊……"

当事情太过不可思议的时候，人们通常不敢违抗。尽管在远离人烟并且受着死亡威胁的地方做这样的事在我看来实在荒谬，我还是从口袋里拿出一张纸和一支笔。这时我想起来自己只学过地理、历史、算术和文法等科目，于是对小家伙说（带着有些不快的语气），我不会画画。他回答我说：

"那没关系。帮我画一只绵羊吧。"

但是我从来没有画过绵羊。我只会画两幅画。于是我为他

这是我后来为他画的最好的一幅肖像画。

画了两幅画中的一幅，看不见蟒蛇身体内部情形的那幅。当这个小人儿对我说出下面的话时，我简直目瞪口呆：

"不对！不对！我要的不是一只在大蟒蛇肚子里的大象。大蟒蛇太危险，大象又太笨重了。我来的那个地方很小。我要的是一只小绵羊，帮我画一只绵羊。"

于是我就画了。

他仔细地瞧着，然后说：

"不行！这只羊看起来病恹恹的，再画一张吧。"

于是，我又画了一张。

我的朋友温和地笑了，带着宽容的口气说：

"你自己看，这不是小绵羊，这是一头成年公羊，它的头上有角。"

于是我又重新画了一张。

但这一张就像前两张一样被拒绝了：

"这只太老了，我想要一只还可以活很久的小羊。"

这时我已经没有耐性了。因为急着要开始拆卸飞机引擎，我就胡乱地画了这么一张图，还向他解释道：

"这是装着它的箱子，你要的绵羊就在里面。"

我很吃惊地看到我的小鉴赏家脸上现出喜悦的光芒：

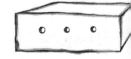

"这正是我想要的！你觉得它需要吃很多的草吗？"

"为什么问这个？"

"因为我那里地方很小……"

"肯定够，"我说，"我给你的是一只非常小的绵羊。"

他低头端详着图画。

"没那么小……瞧！它睡着了……"

我就这样认识了小王子。

3

我花了不少的时间，才搞清楚他是从哪里来的。小王子问了我很多问题，但却好象从未听见我问他的问题。我是从他的片言只语当中，一点一滴慢慢拼凑出来的。例如，他第一次看到我的飞机时（飞机对我来说太复杂了，我就不画了），他问我：

"那是什么东西呀？"

"那不是一件东西。它可以飞，是一架飞机。我的飞机。"

我很得意让他知道我会飞行。他立即叫道：

"怎么？你从天上掉下来了么？"

"没错！"我谦虚地答道。

"噢！真有意思……"

小王子哈哈大笑起来，这让我相当恼火。

我希望别人能用严肃的态度来看待我的不幸。接着他说：

"这么说，你也是从天上来的！你来自哪个星球？"

这句话立刻让我对于他的神秘出现有了依稀的了解，于是我突兀地问道：

"原来你来自另一个星球？"

他没有回答，只是瞅着我的飞机，轻轻地点着头说：

"也是，坐在那上面，你不可能来自很远的地方……"

他长时间地陷入了遐想。之后，他从口袋里拿出我给他画的绵羊，对着他的这件宝贝沉思着。

你不难想象，我对于他所吐露的那句"别的星球"该有多么的好奇。于是我试着了解得更多一些。

"小家伙，你是从哪里来的？'你那里'是哪里啊？你想把我的绵羊带到哪儿去？"

在默不做声的沉思之后，他答道：

"你给我的这个箱子的好处是，晚上还可以给绵羊当房子。"

"当然！另外，如果你听话，我还会帮你画一条绳子，这样，你就可以在白天把它拴住。再加上一根木桩。"

小王子似乎被我的提议给吓住了。

"拴住它！多奇怪的想法！"

"如果你不拴着它，它会到处乱跑，并且走丢的。"

我的朋友又爆出一阵大笑。

小王子在B612小行星上。

“你以为它能跑到哪儿去！”

“任何地方都有可能，一直往前走呗……”

这时小王子很认真地说：

“那也没关系。我那里地方很小。”

随后，带着一点点感伤，他补充道：

“就算一直往前，也走不了多远……”

4

于是，我又得知了第二件重要的事：小王子所住的星球比一栋房子大不了多少！

这倒不会让我觉得有多奇怪。因为我很清楚地知道，除了一些大的行星，像地球、木星、火星、金星，曾被命名外，还

有许许多多的小星球，有的小到即使用望远镜也很难看得见。当某个天文学家发现其中的一颗时，他只是给它编个号码作为名字，譬如“第325号小行星”。

我有很好的理由相信小王子来自“B612号小行星”。这颗小行星只在一九〇九年被一位土耳其天文学家用望远镜观测到一次。

在一次国际天文学大会上，

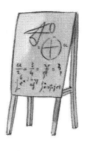

这位天文学家隆重地提出了他的发现。但是，因为当时他穿的是土耳其服装，所以没有人相信他的话。大人们就是这样。

所幸的是，后来有位土耳其的独裁者，命令所有的国民改穿欧式服装，违者处死，这使得B612号小行星终于为人所知。因为在一九二〇年，这位天文学家穿着高贵典雅的欧式服装，重新提出了他的发现，结果这一次所有的人都相信了。

我之所以告诉你有关B612号小行星的这些细节，还有它的编号，只是为了那些大人们。大人们偏爱数字。当你告诉他们你交了一位新朋友时，他们从来不会问你任何重要的问题。他们从来不问："他的声音听起来怎样？他最喜欢玩什么

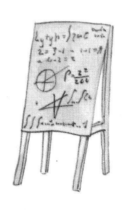

游戏？他收集蝴蝶吗？”相反的，他们会问：“他多大年龄？有几个兄弟？他多重？他父亲的收入有多少？”只有从这些数字当中，大人们才会认为对他有一些了解。假如你对大人们说："我看到一栋用玫瑰色砖块砌成的漂亮房子，窗台上摆着天竺葵，屋顶上停着白鸽……”他们对于这栋房子还是不会有任何概念。你必须跟他们说：“我看到一栋价值十万法郎的房子。”这时，他们便会叫道：“哇！那该多么漂亮啊！”

同样的，你如果对他们说："小王子出现的证据，就是他很可爱，他笑过，还有他想要一只绵羊。如果有人想要一只绵羊，那就是这个人存在的证据，”大人们只会耸耸肩膀，把你当小孩子看待。但是，如果你对他们说："小王子来自B612号小行星，”那么，他们便会相信你说的话，而且不会再提出问题来打扰你了。大人们就是这样。但也不必为此而责怪他们，小孩子应该对大人们相当宽容才是。

当然啦，像我们这样懂得人生的人，数字对我们来说就无关紧要了。我本想以童话的方式来写这个故事，开头就像这样：

“从前有一位小王子，他住在一个比他大不了多少的星球上，他需要朋友……”对于那些了解人生的人而言，这样的说法显得更加真实。

因为我不希望别人用漫不经心的态度来读这本书。在我讲述这些往事的时候，内心是如此悲伤。我的朋友带着他的绵羊离开我已经六年了。我之所以试着描述他，是为了不忘记他。忘记朋友是一件很可悲的事。不是所有的人都曾有过朋友的。我可能会变得跟大人一样，除了数字以外，不再对任何事情感兴趣。也为了这个缘故，我才重新买了一盒颜料和几支铅笔。在我这个年纪，重拾画笔实在很困难，尤其是自打六岁之后，除了看得见和看不见内部的大蟒蛇之外，我就不曾画过其它任何东西。我当然会尽可能把小王子画得像他本人，不过是否成功，我并不十分肯定。有的还行，有的就一点也不像。就拿小王子的身高来说，我便拿捏不准：要么太高，要么又太矮。还有他衣服的颜色，我也不是十分肯定。我只能估摸个大概，勉勉强强画出来。还有，在某些更为重要的细节上，我也可能搞错了。不过在这一点上应该原谅我。我的朋友从来不做任何解释。或许他认为我和他是一类人。可是，天啊！我真的不能透过箱子看到里面的绵羊。我大概已经有点像那些大人了。我大概已经老了。

5

每天我都会多了解一点儿事情，关于那个星球，关于他的离开，他的旅行。这些讯息是一点一滴积累起来的，是从他的回想中，不经意地说出来的。就是在这种情形下，我在第三天听到了有关猴面包树的危害。

这一次依然多亏那只绵羊，因为小王子突然满怀疑虑地问我：

"绵羊能吃矮小的灌木，这是真的吗?"

"是真的。"

"啊！我真高兴!"

我不明白绵羊吃小树这件事为什么会这么重要。小王子接着又问：

"这么说来，绵羊也能吃猴面包树了?"

我向小王子指出，猴面包树并不是小树，而是像教堂一样高大的树。就算他带一群大象回去，也吃不完一棵猴面包树。

带着一群大象的想法令小王子笑了起来：

"那得把它们一只只叠起来才行……"

接着他非常机敏地指出：

"猴面包树在长大之前也是小树啊。"

"一点儿不错！可是，你为什么要绵羊去吃小猴面包树呢?"

他的回答是："嘿，瞧你问的!"好像这是件明摆着的事儿。我只好绞尽脑汁来独自弄明白这个问题。

事实上，就像所有的星球一样，在小王子居住的星球上，植物也是良莠不齐的。好种子

会长出有益的植物，坏种子会长出有害的植物。然而种子是看不见的。它们在隐秘的地下沉睡着，直到其中的某一颗忽然苏醒过来。于是这颗种子开始抽芽，胆怯地向着太阳先伸出一根娇小玲珑的无害嫩枝。如果这是萝卜或玫瑰的嫩芽，人们便会任由它随意生长。但如果是一棵有害植物，一经确认就必须尽快拔除。在小王子的星球上有一些很可怕的种子，就是猴面包树的种子。它们侵入了那个星球的土壤。如果对一棵猴面包树发现得太晚，那么你就永远别想再把它弄掉了。它会盘据整个星球，用树根穿透它。若是这个星球太小，而猴面包树太多的话，它们就会把它撑破。

"这是一条纪律,"后来小王子对我说,"当你早晨梳洗完毕之后,就要仔细地把你的星球也梳洗一番。你必须强迫自己定期去拔除猴面包树的幼苗,只要你能辨认出它们,因为它们与玫瑰花的幼苗非常相似。这是一件非常乏味的工作,不过也很简单。"

有一天,他建议我用心画一幅好画,使我这个星球上的孩子们能够在脑海里记住这件事。"要是有一天他们去旅行,"他对我说,"这会对他们很有用处的。有的时候,把工作延后几天也不要紧。但如果是有关猴面包树的事情,那一定会酿成大祸。我知道的一个星球上住着一个懒鬼,他忽略了三株小树……"

于是,在小王子的指点下,我画下了那个星球。我几乎从不以道德家的口吻说话。然而猴面包树的危险性鲜为人知,而住在小行星上的人一旦疏忽,所要冒的风险又是如此之大。所以这回我要破例不再保持谨慎。我要说:"孩子们!要当心猴面包树!"我如此卖力地画这张画,是为了提醒我的朋友们,他们像我一样,很久以来就处在这样的危险边缘。花力气给大家上这么一课是值得的。或许你会问:"为什么在这本书里,没有其它的图画像猴面包树一样壮观呢?"其实答案很简单,别的我也试过,但是都不成功。而在画猴面包树的时候,有一种紧迫感在激励着我。

猴面包树

6

　　啊，小王子！我就这样一点一滴地了解到你小小生命中的忧伤。长久以来，你唯一的消遣，就是观赏日落时的那份恬静。我是在第四天的早晨才了解到这一新的细节的，因为当时你对我说：

　　"我非常喜爱夕阳。我们去看夕阳吧。"

　　"但是得等一等。"

　　"等什么?"

　　"等太阳下山呀。"

　　起初你好像非常吃惊，随即便自嘲地笑了起来。你对我说：

　　"我以为自己还在家乡呢!"

确实如此。大家都知道，当美国是正午的时候，在法国就是黄昏。如果能在一分钟之内到法国，就可以看到日落。可惜法国太远了。然而，在你小小的星球上，你只需把椅子拉开几步就行了。所以，只要你愿意，随时都可以观赏落日夕照。

"有一天，我总共看了四十四次落日！"

过了一会儿，你又说：

"你知道，人在非常难过的时候就爱看日落……"

"这么说，你看了四十四次日落的那天很难过喽？"

而小王子没有回答。

 7

在第五天，依然多亏那只绵羊，让我了解到小王子生命中的这个秘密。当时他突然向我发问，事先没有任何铺垫，好像这个疑问已经在他脑海里默默想了很久：

"如果一只羊能吃小灌木，那么它也吃花吧？"

"羊会吃任何它碰到的东西。"

"即使是带刺的花也吃吗？"

"没错，即使是带刺的花。"

"那么，那些刺有什么用呢？"

我不知道。当时我正忙着要把一枚卡死在引擎内的螺钉拧

松。我实在非常担忧，因为我渐渐发现飞机的故障相当严重。最让我感到害怕的是，饮用水正在逐渐耗尽。

"那些刺有什么用处呢?"

一旦提出一个问题，小王子总是穷追不舍。而我正为那枚螺钉烦心，于是就随口答道：

"那些刺一点用处也没有。花有刺纯粹是出于她们的恶意。"

"噢!"

沉默片刻之后，小王子用一种愤恨的口气冲我说：

"我不相信你的话! 花儿很柔弱。她们也很天真。她们尽可能地让自己安心。她们以为自己有了刺就很厉害了……"

我没有回答。此刻我正在想："如果再转不动这颗螺钉，我就用铁锤把它敲下来。"小王子再一次打断了我的思绪：

"你真的以为，花儿……"

"哦不! 不! 我什么都没以为。我就是随口那么一说。我正在忙着一件重要的事呢!"

他震惊地看着我。

"重要的事!"

他就那么看着我，一个手拿铁锤、手指被污油染得漆黑的人，俯身专注于一个在他看来十分丑陋的东西上。

"你说话的口气就跟大人一模一样!"

这话让我有点羞愧。但他依然毫不客气地说道：

"你把所有的事都搅在一起……，你把事情全搞混了!"

118

他实在是气坏了，金色的头发在风中抖动。

"我知道有一个星球，上面住着一位红脸膛的先生。他从来不曾闻过花香，看过星星。他从来没有爱过任何人。除了做加法，他从没做过别的任何事。而他一天到晚像你一样重复着一句话：'我是个严肃的人！我是个严肃的人！'而这让他骄傲得不得了。其实他不是人，他只是一个蘑菇！"

"一个什么？"

"一个蘑菇！"

这时小王子已经气得脸都白了。

"花儿长刺已经有几百万年，羊儿吃花也有几百万年了。试着去了解花儿为何要如此辛苦地长出一点用处也没有的刺儿，难道不是很重要的事吗？羊与花朵之间的战争难道不重要吗？难道这不比一位肥胖的红脸先生的加法更严肃、更重要吗？要是我认识一朵世界上独一无二的花，她只生长在我的星球上，绝无仅有，可是某天早晨，一只小绵羊很可能在

119

无意中一口就把它给吃了，这也不重要吗！"

他涨红了脸，接着又说：

"要是一个人爱着一朵花，在千百万颗星星当中，她只生长在唯一的一颗星星上。只要看着这些星星，他就会感到快乐。他会对自己说：'我的花就在那儿的某个地方……'但是，如果绵羊把花给吃了，对他来说，就象刹那间所有的星星都熄灭了一样！这难道也不重要！"

他突然泣不成声，再说不下去了。夜幕降临了，我早已丢下了手中的工具。我已经毫不在乎铁锤、螺钉、口渴和死亡。在某颗星星、某个星球上，在我的星球——地球——上，有位小王子需要安慰。我把他抱入怀中，轻轻地摇着。我对他说："你爱的那朵花不会有危险……我会给你的绵羊画一副嘴套……给你的花画一道栅栏……我……"我不知道还应该说些什么。我觉得自己笨得要死。我不知道如何才能到达，如何才能走进……泪乡，那个如此神秘的国度！

 8

很快地，我对那朵花有了更多的了解。在小王子的星球上，一直以来生长着一些很普通的花儿，她们只有单层花瓣，既不侵占空间，也不会打扰任何人。清晨，她们在草丛中绽放，晚上便凋谢了。然而有一天，不知丛哪里飘来的一粒种子，冒出了新芽。小王子非常密切地关注着这株幼苗。它与

120

其它幼苗都不一样。它也可能是猴面包树的一个新的变种。可是过没多久，这棵小苗便停止生长，开始孕育一朵花儿。小王子看到它结出一枚硕大的花苞，预感到会从中出现一个奇迹。但是，这朵花不厌其烦地为未来的美丽做着准备。她非常仔细地选择颜色，慢慢地妆扮着，一片一片地整理她的花瓣。她可不愿意像丽春花一样，开出皱巴巴的花来。她要在最容光焕发、艳丽四射的时刻出现。是的，她就是那么爱美！一天又一天，她都在悄悄地梳洗打扮。然后，有一天清晨，就在太阳升起的时候，她绽放了。

她之前那么精心地做着准备，这时却打了个哈欠，说：

"嗳！我刚刚睡醒……真不好意思，蓬头垢面的……"

但是小王子已经禁不住在赞叹：

"您好美啊！"

"不是吗？"她曼声回答。"而且我和太阳是同时出生呢……"

小王子看出来她不是很谦虚，可她是那么的动人！

"我想现在是吃早餐的时间了，"她又接着说，"能否麻

烦您替我想想……"

小王子十分窘迫，赶紧去找来一个装满清水的洒水壶，为这朵花提供服务。

就这样，她很快便开始用她敏感的虚荣心来折磨小王子。

比如说有一天，在谈论她的四根刺时，她对小王子说：

"那些长着利爪的老虎可能会来的！"

"在我的星球上没有老虎，"小王子反驳道，"再说老虎又不吃草。"

"我可不是一棵草，"那朵花儿曼声回答。

"对不起……"

"我一点也不怕老虎，但是我怕风。您难道没有一架屏风吗？"

"怕风……对一棵植物来说实在不走运，"小王子寻思道。

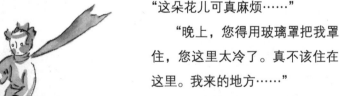

"这朵花儿可真麻烦……"

"晚上，您得用玻璃罩把我罩住，您这里太冷了。真不该住在这里。我来的地方……"

但她停住了话头。她来的时候还是一粒种子，不可能知道别

的地方的事情。准备撒这样一个天真的谎而被人发现，实在让她觉得很没面子，于是她咳嗽了两三声，好把过错推到小王子身上：

"屏风呢？"

"我正要去找，可您又跟我说起话来。"

这时她又假装咳嗽起来，好让小王子觉得良心不安。

因此，尽管好心的小王子非常爱护她，也很快就对她感到疑惑。他太拿她那些无关紧要的话当回事了，所以变得很不快乐。

"我实在不应该听她的话，"有一天他向我倾诉，"永远不要听花儿们说了些什么，只要欣赏她们，闻闻她们的花香就好。我的那朵花儿让我的星球芬芳四溢，然而当时我却不懂得享受那份快乐。她关于利爪的说法本来应该让我满怀怜惜的，但我却很气恼……"

他还说：

"那时我根本不懂得怎样去理解！我本该从行为上而不是从语言上来作出判断。她为我散发芬芳，照亮了我的生活。我实在不应该离开。我本该看出隐藏在她那些可怜的小诡计背后的柔情。花儿们都是那么的自相矛盾！可我当时太年轻了，不懂得爱她。"

123

9

　　我想，他是利用候鸟的一次迁徙离开的。临走的那天清晨，他好好整理了一番自己的星球，仔细地清理了两座活火山。他拥有两座活火山，在早上用来热早餐非常方便。他还有一座死火山。不过，正如他所说的："什么事都有可能发生！"所以，他也很仔细地把死火山疏通了一番。如果疏通得好，火山就不会爆发，只会慢慢地、稳定地燃烧。火山爆发就好像烟囱着火一样。显然，在我们地球上，我们人类实在太渺小了，没办法去清理火山。这就是火山给我们制造了很多麻烦的原因。

　　小王子也带着些许的伤感，把新生的猴面包树幼苗拔除。他觉得自己不应该再回来了。然而那天早晨，所有这些再熟悉不过的工作也都显得特别温情。当他最后一次为那朵花儿浇水，并准备为她罩上玻璃罩的时候，他发现自己居然想哭。

　　"别了！"他对那朵花说。

　　可是她没有回答。

　　"别了！"他又说了一次。

　　那朵花咳嗽了一声，但这次不是因为她的感冒。

　　"我以前真蠢，"她终于对他说，"请你原谅我。你一定要快乐啊。"

　　他很惊讶她居然没有说任何责备的话。他愣愣地站在那

他仔细地清理活火山。

里，手里的玻璃罩停在半空中。他不懂这种平静的柔情。

"是啊，我爱你，"花儿对他说，"你却一点儿都不知道，这是我的错。这已经不重要了。不过你和我一样愚蠢。你一定要试着让自己快乐……放下那个玻璃罩吧，我不想要了。"

"可是有风……"

"我的感冒没那么严重……夜晚的清新空气对我有益。我可是一朵花啊。"

"可是动物们……"

"如果我想见识蝴蝶的话，就必须忍受两三只毛毛虫。听说蝴蝶非常漂亮。不然，还有谁会来看我？你就要远行了。至于大动物，我一点也不怕它们。我也有我自己的利爪。"

她很天真地展示了一下她的四根刺，接着又说：

"别这么拖拖拉拉的，让人受不了。你既然决定要走，就走吧。"

其实她是不想让小王子看到她流泪。她是多么骄傲的一朵花儿呀。

🪐 10

他处在第325、326、327、328、329和330号小行星组成的小行星区域。于是他首先去拜访这些小行星，以便找份事做，同时增长见闻。

第一颗小行星上面住着一位国王，他身穿紫袍和白鼬皮大衣，坐在朴素但很威严的宝座上。

"啊！来了一位臣民！"国王望见小王子时叫道。小王子心想：

"他以前从来没见过我，怎么会认得我呢?"

小王子不晓得，对国王们来说，这个世界很简单。所有的人都是他们的臣民。

"走近一点，好让我看清楚你。"国王说道。终于能够当上某个人的国王，让他感到非常骄傲。

小王子四处瞧了瞧，想找个地方坐下来。但是整个星球都被国王华丽的鼬皮大衣给占满了，所以他只好站着。由于觉得疲累，他打了个呵欠。

"在国王面前打呵欠是不合礼法的，"这位君主说，"我不许你打呵欠。"

"我没能忍住，"小王子很难为情地答道。"我刚刚做了一次长途旅行，一直都没睡觉……"

"那么，"国王说，"我就命令你打呵欠。我已经有很多年没见过人打呵欠了。这对我来说是件新鲜事。来吧! 接着打。这是命令。"

"这可真让我惶恐……我打不出来了……，"小王子满脸通红地说。

"唔，唔，"国王答道，"那么我……我命令你一会儿打呵欠，一会儿……"

他说得有点含糊不清，看起来有点气恼。

国王最看重的就是他的权威得到尊重。他不能容忍任何违抗。他是一位专制君王。但是由于他心地善良，所以下达的命令都很合情合理。

"要是我下命令，"他经常说，"命令一位将军把自己变成一只海鸟，而那位将军没有遵从我的命令，这不是那位将军

127

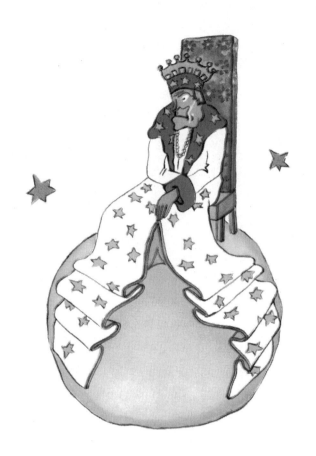

的错，而是我的错。"

"我可以坐下吗?"小王子小心翼翼地问道。

"我命令你坐下,"国王答道，并威严地把鼬皮大衣的一边下摆向里拽了拽。

可小王子还是很吃惊。这个星球那么小，国王能统治什么呢?

"陛下，"他对国王说，"请允许我向您提问……"

"我命令你向我提问。"国王赶快说。

"陛下……您都统治些什么?"

"统治一切。"国王回答得非常简洁。

"统治一切?"

国王向他的星球、其它星球以及所有的星星作了一个笼统的手势。

"所有这一切?"小王子问。

"所有这一切。"国王答道。

因为他不仅是一位专制君主，还是一位世界君主。

"这些星星都服从您吗?"

"当然了，"国王说，"它们都是言听计从。我不能容许不守纪律的行为。"

这样的权力令小王子赞叹不已。假如他也拥有这样的权力，在一天之内，就可以欣赏到不只是四十四次日落，而是七十二次，甚至是一百次或两百次，而且也用不着把椅子往后拉! 想到那颗被他遗弃的小星球，他感到有点悲伤，于是鼓起勇气请求国王的恩典。

"我很想看一次日落……恩请您……命令太阳下山……"

"如果我命令一位将军像只蝴蝶一样，从一朵花飞到另一朵花，或者写一出悲剧，或是把自己变成海鸟，如果这位将

129

军不执行这个命令，那么是他的错还是我的错?"

"是您的错，"小王子很肯定地说。

"完全正确。应该要求每个人做他能做的事。"国王继续说道。"权威首先应该建立在理性之上。如果你命令你的子民去投海，他们一定会起来革命。我有权力要求服从，是因为我的命令都合情合理。"

"那么我的落日呢?"小王子提醒道。他一旦提出一个问题，就决不会轻易忘记。

"你会得到你想要的落日。我会要求它下山。不过，以我的统治方式，我会等到条件成熟。"

"什么时候条件才成熟?"小王子问道。

"唔，唔，"国王应着，先翻了翻一本厚厚的历书。"唔，唔，那应该是……是今晚七点四十分左右! 那时你将看到我的命令是怎样被执行的。"

小王子打了个呵欠。看不到夕阳令他感到遗憾，而且他已经开始觉得有点无聊了。

"我在这里已经没有什么事情可做了，"他对国王说，"我得走了!"

"不要走，"国王说。他好不容易有了个臣民，正自豪呢。"不要走，我让你当大臣!"

"什么大臣?"

"……司法大臣!"

"可是这里一个人都没有，审判谁呀!"

"这可不一定，"国王对他说，"我还没有巡视过我的王国。我太老了，这里又放不下一辆马车，再说走路又太累人。"

"哦。可是刚才我已经看过了!"小王子一边说,一边弯腰向星球的另一边再看一眼。"那边也没有一个人……。"

"那你就审判你自己,"国王回答。"这是最困难的事情。审判自己要比审判别人困难得多。如果你能够正确地判断自己,那么,你就是一位真正的智者。"

"我呀,"小王子说,"可以在任何地方判断我自己,不需要非得住在这里呀。"

"唔!唔!"国王说,"我有很好的理由相信,在我星球上的某个地方有一只很老的耗子。在晚上可以听到它的声音。你可以审判这只老耗子,时不时地判它死刑。这样,它能否活命就全看你的审判。但你可以每次都赦免它,以备下次再审判。这里可就这么一只耗子。"

"我呀,"小王子答道,"我可不喜欢判死刑。我想我实在应该走了。"

"别走,"国王说。

小王子已经做好了启程的准备,但又不想惹这位年老的君主伤心。

"如果陛下希望命令被立即执行,可以给我下一道合理的命令。譬如说,命令我在一分钟之内离开。在我看来条件已经成熟了……"

国王没有回答。小王子先是犹豫了一下,然后叹了口气,动身离开。

"我任命你为我的大使。"国王急忙喊道。

他摆出一副君临天下的模样。

"大人们就是这么奇怪,"在旅途中,小王子自言自语道。

Le Petit Prince

##

第二个星球上住着一位虚荣心强的人。

"啊！啊！来了一位我的崇拜者！"当他远远望见小王子的时候便叫道。

因为对虚荣心强的人来说，其他所有的人都是他们的崇拜者。

"您好，"小王子说，"您戴的帽子好古怪。"

"这是用来答礼的，"这位自负的人答道，"当人们向我欢呼时，可以向他们答礼。可惜从来没有人到过这里。"

"真的吗?"小王子不明白，便问道。

"你鼓一下掌吧，"自负的人建议道。

小王子鼓了一下掌。自负的人谦逊地举起他的帽子作答。

"这可比拜访国王有意思多了，"小王子想。他又拍起手来，自负的人也再次举帽答谢。

经过五分钟的练习之后，小王子对这个单调的游戏感到厌倦了。

"我该做什么才能让帽子掉下来呢?"他问道。

可是这个虚荣的人没有听到他的话。虚荣心强的人除了赞美的话，是什么也听不见的。

"你真的非常崇拜我吗?"他问小王子。

"'崇拜'是什么意思?"

"'崇拜'的意思就是承认我是这个星球上最英俊、服装最华美、最有钱且最聪明的人。"

"可这个星球上只有你一个人呀!"

"就算是做好事，崇拜我吧。"

"我崇拜你，"小王子说着，同时耸了耸肩膀。"不过这究竟有什么值得你这么感兴趣的?"

于是小王子离开了。

"大人们实在是非常奇怪，"小王子一边继续旅行，一边简单地对自己说。

🪐 12

下一个星球上住着一位酒鬼。这次访问的时间很短暂，但却让小王子陷入深深的忧伤。

"你在那儿做什么?"看见酒鬼默默地坐在一堆空瓶子和一堆装满酒的瓶子面前，他便问道。

133

"我在喝酒，"酒鬼神色惨淡地答道。

"你为什么要喝酒?"小王子问。

"为了忘记，"酒鬼回答。

"忘记什么?"小王子问道。他已经开始同情这个人了。

"忘掉羞愧，"酒鬼低下头来，坦承道。

"羞愧什么?"小王子追问，想帮他的忙。

"羞愧喝酒!"酒鬼说完这句话，就再也不作一声。

小王子非常困惑地离开了。

"大人们真的是非常非常奇怪。"在旅途中，他自言自语道。

🪐 13

第四个星球属于一个商人。这个人实在太忙了，所以当小王子到达的时候，他甚至连头也没抬起来。

"您好，"小王子对他说，"你的香烟已经灭了。"

"三加二等于五。五加七等于十二。十二加三等于十五。你好。十五加七等于二十二。二十二加六等于二十八。没时间再把它点燃。二十六加五等于三十一。噢! 总共是五亿零一百六十二万二千七百三十一。"

"五亿什么?"小王子问。

"噫? 你还在这里啊? 五亿零一百万的……我也不知道……我有这么多工作要做! 我是个认真的人，才不会以说废话为乐。二加五等于七……"

"五亿零一百万什么?"小王子重复道。他这辈子只要提出问题，就从不放弃。

　　"我在这个星球住了五十四年，只被打扰过三次。第一次
是在二十二年前，不知从哪儿掉下来一个金龟子，它发出一
种可怕的噪音，害得我在一道加法里出了四个错。第二次是
在十一年前，我的风湿病犯了。我缺乏运动。我也没时间闲
逛。我可是个认真的人。第三次……就是这次了！刚才我说
的是五亿零一百万……"

　　"一百万什么?"

　　商人意识到他别想得到安宁了。

　　"百万个你有时候能在天空中看到的小东西。"

"苍蝇吗?"

"不是，是会发亮的小东西。"

"蜜蜂吗?"

"不是！是金黄色的小东西，会让无所事事的人胡思乱想。我可是个认真的人，没时间胡思乱想。"

"啊！是星星?"

"没错，就是星星。"

"你拿五亿颗星星做什么?"

"五亿零一百六十二万二千七百三十一颗。我是个认真的人，讲究精确。"

"你拿这些星星做什么?"

"对它们做什么?"

"是啊。"

"什么也不做。我拥有它们。"

"你拥有这些星星?"

"不错。"

"可是我见过一个国王，他……"

"国王并不拥有，他们只是'统治'。这很不一样。"

"拥有星星对你来说有什么用?"

"可以让我变得富有。"

"富有对你来说有什么用?"

"如果有人发现了新的星星，我就可以把它们买下来。"

"这个人，"小王子暗道，"他推理起来有点像那个酒鬼。"

尽管如此，他还是继续提问题。

"怎样才能拥有那些星星?"

"请问它们属于谁?"商人微愠地反问道。

"我不知道。不属于任何人吧!"

"那么它们就属于我，因为我是第一个想到这件事的人。"

"这就行了?"

"当然。如果你发现一颗不属于任何人的钻石，那它就属于你。如果你发现一个不属于任何人的岛屿，它就属于你。如果你比别人先想到一个主意，你拥有它的专利，它就是你的。因此我拥有这些星星，因为没有人比我更早想到要拥有它们。"

"这倒是真的，"小王子说。"那你拿它们做什么呢?"

"我管理它们。我把它们数了又数，"商人说。"这事很困难。但我是一个认真的人。"

小王子还是不满意。

"如果我拥有一条围巾，我可以把它围在脖子上带着走。如果我拥有一朵花儿，我可以把它摘下来带走。可是你没办法把星星摘下来!"

"没错，但我可以把它们存在银行里。"

"这是什么意思?"

"就是说，我把星星的数目写在一张小纸条上，然后把纸条放在一个抽屉里，用钥匙锁上。"

"就这样?"

"这样就够了，"商人说。

"真有趣，"小王子想，"这满有诗意的，但却不太认真。"

对于什么是严肃认真的事，小王子的看法跟大人们很不一样。

"我拥有一朵花，"他继续说道，"我每天给她浇水。我拥有三座火山，每个星期我都会把它们清理干净。我也清理那座死火山，因为谁都不知道会发生什么事。对我的火山和花来说，我拥有它们对它们有用处。可是你对星星一点用处也没有……"

商人张大了嘴，却无言以对。于是小王子离开了。

"大人们奇怪得无以伦比，"小王子一边继续旅行，一边简单地自忖道。

🪐 14

第五个星球非常奇特。它是所有行星中最小的一个，只能容下一盏路灯和一位灯夫。在宇宙的某个地方，在一个没有房子、没有人口的星球上，要一盏路灯和一个灯夫有什么用，小王子实在无法解释。尽管如此，他还是对自己说：

"这个人也许看起来很荒谬，不过毕竟没有国王、虚荣者、商人和酒鬼他们那么荒谬。至少他的工作还有点意义。当他点燃路灯时，就好像多诞生了一颗星星，或是一朵花。当他熄灯时，就好像让这朵花儿或星星进入梦乡。这是一份很美

的工作。既然很美，所以是有用的。"

到达这颗星球的时候，他非常恭敬地向灯夫致意。

"你好。你刚刚为什么要熄灭路灯呢？"

"这是规定，"灯夫答道。"早上好。"

"规定什么？"

"就是我应该熄灯。晚上好。"

灯夫随即把路灯点着。

"可是你为什么又把它点燃呢？"

"这是规定，"灯夫回答。

"我不懂。"小王子说。

"用不着懂，"灯夫说，"规定就是规定。早上好。"

他又把灯给熄了。

接着，他用一条红格子手帕擦了擦额头。

"我的这份工作太辛苦了。从前还比较合理，我早上熄灯，晚上点灯。白天还可以休息，晚上可以睡觉……"

"在那之后呢？规定改变了？"

"规定没改，"灯夫说道。"问题就在这儿！这个星球一年比一年转得快，而规定却一直没改！"

"所以？"小王子问。

"所以现在这个星球每分钟便自转一圈，我连一秒钟的休息时间也没有了。我每分钟都要点灯和熄灯一次！"

"太好玩了！你这个星球的一天只有一分钟长！"

"我的工作太辛苦了。"

141

"这一点都不好玩！"灯夫说。"我们在一起聊天已经聊了一个月了。"

"一个月？"

"可不是。三十分钟，三十天。晚上好。"

他又把灯点亮。

小王子望着他，觉得自己喜欢上了这个如此忠于职守的灯夫。他想起了自己以前挪动椅子以追逐夕阳的日子。他想帮助他的朋友。

"你瞧，我知道一个办法，你什么时候想休息都可以……"

"我一直都想，"灯夫说。

人是可以既忠诚同时又懒惰的。

小王子说道：

"你的星球这么小，只要跨上三大步就能走一圈儿。你只要走得足够慢，就可以一直呆在阳光下。当你想休息时就这么走走……你想让白天有多长，它就有多长。"

"这对我来说没多大用，"灯夫说，"我平生最喜欢做的事，就是睡觉。"

"那你可真不走运，"小王子说。

"我是不走运，"灯夫说道。"早上好。"

他又把路灯熄灭了。

"这个人，"小王子一边继续向远方旅行，一边自忖，"这个人可能会被其他所有的人瞧不起，国王、虚荣者、酒鬼和商人什么的。然而他却是唯一不会让我觉得荒唐可笑的人。

大概是因为他忙活的是自身以外的事情。"

他惋惜地叹了口气，又自语道：

"这个人是唯一一个能当我朋友的人。可他的星球实在太小了，容纳不下两个人……"

小王子不敢对自己承认，他真正遗憾的是在这个有福气的星球上，每二十四小时可以看到一千四百四十次日落！

15

第六个星球比上一个大了十倍。上面住着一位撰写大部头书的老先生。

"瞧！来了一位探险家！"当他看到小王子的时候叫道。

小王子在桌子旁边坐下，有点气喘。他已经旅行了这么久！

"你从哪里来呀？"老先生问。

"这本厚书写些什么？"小王子问。"您在这里做什么？"

"我是个地理学家。"老先生说。

"什么是地理学家？"小王子问。

"就是知道所有海洋、河流、城镇、山脉和沙漠在什么地方的学者。"

"太有意思了，"小王子说，"这才是一份真正的职业！"

他环顾了一下地理学家的星球。之前他还从未见过这么壮观的星球呢。

"您的星球真漂亮。这里有海洋吗?"

"我不清楚,"地理学家说。

"啊!"小王子很失望。"这里有高山吗?"

"我不清楚,"地理学家说。

"有城镇、河流和沙漠吗?"

"这些我也不清楚,"地理学家说。

"可您是地理学家呀!"

"不错,"地理学家说,"但我不是探险家啊。我倒是真缺探险家。应该去搞清楚城镇、河流、山脉、海洋和沙漠数目的不是地理学家。地理学家太重要了,不应该到处闲逛。他不离开他的办公室，但他会在办公室里接待探险家们。他咨询他们，并把他们的见闻记录下来。如果对其中某个人的见闻感兴趣，地理学家就会让人调查这位探险家的品德。"

"为什么?"

"因为探险家如果说谎，会给地理学书籍造成灾难性后果。还有，酒喝得太多的探险家也不行。"

"为什么?"小王子问道。

"因为喝醉了的人会把一个看成两个，结果地理学家就有可能把一座山记录成两座。"

"我认识一个人，"小王子说，"他要当探险家的话可能会很差劲。"

"那很有可能。所以，如果这个探险家看上去品德良好，人们就会对他的发现进行调查。"

"人们去实地查看吗?"

"不是，那太麻烦了。人们只是要求探险家提供证据。譬如说，如果他发现了一座高山，人们就要求他带回一些大石头。"

地理学家突然兴奋起来。

"对了，你不是来自远方么! 你又是探险家! 你可以给我描述一下你的星球!"

地理学家翻开他的笔记本，削了削他的铅笔。人们先用铅笔把探险家的叙述记下来，等探险家提供了证据之后再用墨水记。

"那么？"地理学家充满期待地问。

"噢，我住的地方，"小王子说道，"不大会令人感兴趣的。它很小。我有三座火山。两座活火山，一座死火山。不过谁也不知道它会发生什么事。"

"是没法确定。"地理学家说。

"我还有一朵花。"

"花儿我们可不记。"地理学家说。

"为什么？她可是最漂亮的！"

"因为花朵的生命稍纵即逝。"

"'稍纵即逝'是什么意思？"

"地理书籍是所有书籍中最严肃的，永远也不会过时。一座山的位置很少会发生改变，一个海洋里的水很少会完全干涸。我们只写永恒的东西。"

"但是死火山是有可能再苏醒的，"小王子打断了他的话。"'稍纵即逝'是什么意思？"

"火山是死的还是活的，对我们来说都一样，"地理学家说。"对我们来说，重要的是山。它不会改变。"

"但是什么叫'稍纵即逝'？"小王子重复道。他平生只要提出问题，就永远不会放弃。

"意思是'面临很快消亡的威胁'。"

"我的花也面临很快消亡的威胁？"

"当然。"

"我的花是稍纵即逝的，"小王子心想，"而且她只有四根

刺来保护自己，对抗整个世界！我却把她孤零零地留在我的
星球上！"

　　这是他第一次后悔自己的离开。但他又再度鼓起勇气。

　　"您会建议我去哪里访问呢？"他问道。

　　"地球，"地理学家答道，"它的名声不错……"

　　于是小王子离开了，心中惦念着他的花儿。

🪐 16

因此，第七个星球便是地球。

地球可不是个普通的行星！这里有一百一十一位国王（当然也包括黑人们的国王）、七千名地理学家、九十万商人、七百五十万酒鬼、三亿一千一百万虚荣心强的人，也就是说，大约有二十亿大人。

为了让你对地球的大小有个概念，我这么跟你说吧：在电还没有被发明以前，六个大洲上共有四十六万二千五百一十一名灯夫来照管路灯，这实在是一支庞大的部队。

从稍远的地方看，实在是一副壮观的景象。这支部队的行动就像一出编排好的芭蕾舞。首先出场的是新西兰和澳大利亚的灯夫，他们把路灯点亮之后就去睡觉了。接着在舞蹈中出场的是中国和西伯利亚的灯夫。之后他们也隐入了幕后。接下来轮到俄罗斯和印度的灯夫。然后是非洲和欧洲的灯夫，再下来轮到南美洲和北美洲。他们的出场顺序决不会弄错。这样的场面多么宏大啊。

只有北极点那唯一一盏路灯的灯夫和他在南极点负责唯一一盏路灯的同行可以过逍遥自在游手好闲的生活：他们一年只工作两次。

🪐 **17**

当一个人想卖弄自己的学问时，就难免会撒点儿谎。当我跟你们说灯夫的事情时，并不是完全诚实的。我很可能给了那些不了解地球的人一个错误的概念。人类在地球上占据的地方其实很小。如果地球上的二十亿人全都站着靠拢在一起，就跟开群众大会似的，那么一个方圆二十英里的广场就能轻易地把他们全部装下。人们也可以把全人类都堆在太平洋中最小的小岛上。

当然，如果你这么告诉大人，他们是不会相信的。大人们认为他们占的地方很大。他们总以为自己很重要，就跟猴面包树似的。所以你应该建议他们做做算术，因为他们崇拜数字，这会让他们高兴的。但你自己别把时间浪费在这种没意思的事上。那毫无用处。请相信我。

所以，当小王子到达地球的时候非常诧异，因为他没有看见一个人。他甚至已经开始担心自己是否走错了星球。就在这时，他看见一条象月光一般银白的环状物在沙子里移动。

"晚上好。"小王子试探着说。

"晚上好。"蛇答道。

"我落到什么星球上来了?"小王子问。

"这里是地球，你是在非洲，"蛇回答说。

"啊! 这么说，地球上没有人喽?"

149

"这里是沙漠，沙漠里没有人。地球是很大的，"蛇说。

小王子在一块石头上坐下，抬眼望着天空。

"我在想，"他说，"不知道天上的星星是否都已经亮了起来，这样我们每个人终有一天都可以再找到他自己的那颗星星。瞧我的星球，它就在我们头顶上方……可是它离得好远啊！"

"它很美，"蛇说，"你来这里做什么？"

"我和一朵花儿闹了别扭，"小王子说。

"噢！"蛇说。

他们俩沉默下来。

"人都在哪儿呀？"小王子终于又开口了。"在沙漠里呆着有点孤单……"

"在人群之中也会孤单，"蛇说。

小王子注视了它好一会儿。

"你是个奇特的动物，"他最后说，"细得像根手指……"

"可我比一位国王的手指还要厉害，"蛇说。

小王子面露微笑。

"你没那么厉害吧……你连脚都没有……甚至没办法旅行……"

"我可以把送你到很远的地方去，比船走得还远，"蛇说。

它盘上了小王子的脚踝，就像一只金镯子。

"任何被我碰过的人，都会被我送回到他来的地方，"蛇接着说。"但是你很纯洁，而且你来自一颗星星……"

小王子没有回答。

"你是个奇特的动物,"他最后说,"细得像根手指……"

"你让我怜惜。在这个花岗石构成的地球上，你是这么脆弱。也许有一天我可以帮助你，如果你非常怀念你的星球。我可以……"

"噢！我很明白你的意思，"小王子说，"可你为什么讲起话来总像在说谜语？"

"我会揭开所有的谜底，"蛇说。

他们又沉默下来。

🪐 18

小王子穿越沙漠时只遇见过一朵花。那朵花只有三片花瓣，毫不起眼。

"你好，"小王子说。

"你好，"花说。

"哪里有人啊？"小王子很有礼貌地问道。

这朵花有一天看见一支商队经过。

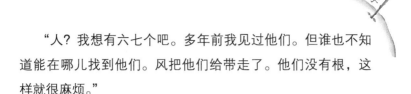

"人？我想有六七个吧。多年前我见过他们。但谁也不知道能在哪儿找到他们。风把他们给带走了。他们没有根，这样就很麻烦。"

"再见，"小王子说。

"再见，"花说。

19

小王子爬上一座高山。从前他只见过三座山，就是那三座只有他膝盖高的火山。他还拿那座死火山当板凳。于是他想："在这么高的一座山上，应该可以俯瞰整个星球，看到所有的人……"

但是他什么也没看到，除了刀劈斧削般的岩石。

"你好，"他试探地说。

"你好……你好……你好……"回音答道。

"你是谁?"小王子问。

"你是谁……你是谁……你是谁……"回音答道。

"做我的朋友吧，我很孤独，"他说。

"我很孤独……很孤独……很孤独……"回音答道。

"好古怪的星球！"他想，"这么干燥，这么崎岖不平，还这么咸。而且人们都没有想像力，只会重复别人说过的话……在我那里有一朵花儿，她总是先开口说话……"

153

"这个星球这么干燥,这么崎岖不平,还这么咸。"

🪐 20

在沙漠、岩石和雪地里长途跋涉之后，小王子终于找到了一条路。所有的道路都通向人类居住区。

"你们好，"他说。

这里是一个花园，盛开着玫瑰花。

"你好，"玫瑰花们说。

小王子瞧着她们。这些花儿看起来跟他的花儿一模一样。

"你们是谁?"他非常惊讶地问道。

"我们是玫瑰花。"玫瑰们说。

"啊!"小王子叫道……

他觉得非常难过。他的花儿对他说过，在整个宇宙中，她这个品种的花儿就她这么一朵。但是现在，一个花园里就有五千朵和她一模一样的花！

"她一定会非常生气，"他想，"要是她看到这一情景……，她一定会拼命咳嗽并假装快要死掉了，省得被人取笑。而我也不得不装着去照顾她，要不然的话，她会真的让自己死掉，好羞辱我……"

接着他又想道："我本以为自己很富有，拥有一朵独一无二的花；事实上我只有一朵普通的玫瑰罢了。一朵普通的玫瑰花、三座只及膝盖的火山，而且其中的一座很可能永远不再喷发，这些并不足以让我成为一位伟大的王子……"于是他伏在草地上哭了起来。

🪐 21

就在这个时候，狐狸出现了。

"你好，"狐狸说。

"你好，"小王子礼貌地回答着，一边转过身来，但什么也没瞧见。

"我在这里，"那声音说，"在苹果树下……"

"你是谁?"小王子问，"你很漂亮……"

"我是一只狐狸。"狐狸说。

"来跟我一起玩吧，"小王子提议道，"我很不开心……"

于是他伏在草地上哭了起来。

"我不能和你玩，"狐狸说，"我还没有被驯养。"

"哦！对不起，"小王子说。

但是，他想了想，又问道：

"'驯养'是什么意思？"

"你一定不是这里的人，"狐狸说，"你在寻找什么？"

"寻找人类，"小王子说，"'驯养'是什么意思？"

"人类，"狐狸说，"他们有枪，而且打猎，实在让人烦恼！他们也养鸡，这是他们唯一的好处。你在找鸡吗？"

"不是，"小王子说，"我在找朋友。'驯养'是什么意思？"

"那是一件早已被大家遗忘了的事，"狐狸说。"它的意思是'建立关系'……"

"建立关系？"

"不错，"狐狸说，"对我来说，现在你还只是个小男孩，与其他成千上万的小男孩没有什么两样。我不需要你，你也不需要我。对你来说，我只是一只狐狸，与其他成千上万的狐狸没有什么不同。但是，如果你驯养我，那么我们就会相互需要了。对我来说，你就是这个世上独一无二的。对你来说，我也是世界上独一无二的……"

"我开始明白了，"小王子说，"有一朵花……我想她已经驯养了我……"

"这很有可能，"狐狸说，"地球上无奇不有。"

"噢！这可不是在地球上！"小王子说。

狐狸显得很好奇。

"在另一个星球上？"

"是的。"

"那个星球上有猎人吗？"

"没有。"

"这可太诱人了！有鸡吗？"

"没有。"

"天下没有十全十美的事，"狐狸叹道。

不过，它很快又回到正题。

"我的生活很单调。我追逐鸡，人追逐我。所有的鸡都一个模样，所有的人也是。所以我感到有点无聊。但是，如果你驯养了我，我的生活将充满阳光。我将辨别出一种与众不同的脚步声。别的脚步声会让我钻入地下。而你的脚步声却会像音乐一样，把我从洞穴里召唤出来。另外你瞧！看到那边的麦田了吗？我不吃面包，小麦对我来说毫无用处。麦田也不会让我联想到任何事。这是很可悲的！但你长着金黄色头发。当你驯养我以后，这将是非常美妙的一件事！麦子的颜色也是金黄色的，它会让我想起你。而且我也将喜欢聆听风儿吹过麦田的声音……"

狐狸沉默下来，长久地注视着小王子。

"请你……驯养我吧！"它说。

"我很愿意，"小王子回答说，"但我的时间不多。我还要去找朋友，去了解很多事情。"

"人只会了解他所驯养的东西，"狐狸说，"人类已经不再愿意花时间了解任何事情了。他们在商店里买所有现成的东西，但是因为任何商店里都买不到朋友，所以人类不再有朋友。如果你想要一个朋友，就驯养我吧！"

"我该怎么做呢？"小王子问。

"你必须非常有耐心，"狐狸答道，"首先，你要坐得离我远一点，就像这样坐在草地上。我会用眼角瞧着你，而你什么话也不说。语言是误会的根源。但是每一天你都要坐得离我更近一点……"

隔天，小王子回来了。

"你最好每天都在同一时刻到来，"狐狸说，"比如说，如果你总在下午四点来，那么从三点起我就开始高兴了。越接近那一时刻，我就越高兴。到了四点，我已经躁动不安，开

160

始担心了：由此我发现了幸福的代价！但是如果你每次来的时间都不一样，我便无法得知应该在什么时候做好心理准备……应该举办仪式。"

"什么是仪式?"小王子问。

"那也是早已被人们遗忘的事情，"狐狸说道，"它会让某一天不同于其它日子，某一刻不同于其它时刻。比如我的那些猎人就有一个仪式。每星期四，他们会跟村里的姑娘们跳舞。因此，星期四对我来说就是一个美好的日子，我可以一直遛达到葡萄园那边。要是猎人们跳舞不挑日子，那么每一天都一样，我也永远不会有什么假期了。"

小王子就这样驯养了狐狸。当离别的时刻临近时——

"啊!"狐狸说，"我会哭的。"

"这是你的错，"小王子说。"我原不想让你难过，可你要我驯养你……"

"的确，"狐狸说。

"可现在你要哭了!"小王子说道。

"的确，"狐狸说。

"那么，这对你一点好处也没有嘛!"

161

"比如说，如果你总在
下午四点来，那么从三点起
我就开始高兴了。"

"当然有好处，"狐狸说，"因为麦子的颜色。"

它又补充道：

"再去看看那些玫瑰花。你会明白，你的那朵是世界上独一无二的。然后你回来跟我道别，作为礼物我将告诉你一个秘密。"

小王子重新去看那些玫瑰花。

"你们和我的玫瑰花一点也不像，你们现在什么也不是，"他对她们说，"因为还没有人驯养过你们，你们也还没有驯养过任何人。你们就像先前的那只狐狸，它只是一只狐狸，同其它成千上万只狐狸一样。但是我让它成了我的朋友，因此现在它是世界上独一无二的了。"

那些玫瑰花们觉得非常难为情。

"你们是很美，不过也很空虚，"他继续对她们说，"没有人会为你们而死。当然，我的那朵玫瑰花，一般的路人也许会认为她和你们一样。但是，就她单独的一朵花，也比你们所有这些玫瑰花加在一起更重要，因为我只为她浇过水；因为我只把她放在玻璃罩下；因为我只为她挡过风；因为我只为了她而弄死过毛毛虫（只留下两三只来变成蝴蝶）；因为我只倾听过她的抱怨、吹牛，甚至是闭口不言。因为她是我的玫瑰。"

他又回到狐狸那里。

"别了，"他说。

"别了，"狐狸说，"这就是我的秘密，一个很简单的秘密：人只能用心灵才看得清楚。重要的东西用眼睛是看不见的。"

"重要的东西用眼睛是看不见的，"小王子重复着，以便能牢牢记住。

"正是你为你的玫瑰所花费的时间，才让你的玫瑰变得如此重要。"

"正是我为我的玫瑰所花费的时间……"小王子重复着，以便能牢牢记住。

"人们早已忘了这个真理，"狐狸说，"但是你不可以忘记。你永远对你所驯养过的事物负有责任。你对你的玫瑰花负有责任……"狐狸说。

"我对我的玫瑰花负有责任，"小王子重复道，以便能牢牢记住。

🪐 22

"你好，"小王子说。

"你好，"扳道工说。

"你在这里做什么?"小王子问。

"我分送乘客，一千人一批，"扳道工说，"我把载运着他们的火车发送出去，有的向右，有的向左。"

一列灯火通明的快车雷鸣般地急驰而过，把扳道工的小屋震得抖动起来。

"他们好匆忙啊，"小王子说。"他们去寻找什么?"

"就连司机自己也不知道。"扳道工说。

第二列灯火通明的快车轰鸣着朝相反的方向驰去。

"他们这么快就回来了?"小王子问。

"这不是刚才那些人,"扳道工说。"这是一列对开的火车。"

"他们不满意自己以前呆的地方吗?"小王子问。

"人们总是不满意自己呆的地方。"扳道工说。

第三列灯火明亮的快车隆隆而过。

"他们在追赶第一批旅客吗?"小王子问。

"他们根本没在追赶什么,"扳道工说,"他们在里面睡觉或者打呵欠。只有小孩子们才会把鼻子贴在车窗上往外看。"

"只有小孩子们知道他们在寻找什么,"小王子说。"他们把时间花在一个旧布娃娃上,而布娃娃就变得非常重要;如果有人把布娃娃从他们手里拿走,他们就会哭泣……"

"他们是幸运的,"扳道工说。

🪐 23

"你好。"小王子说。

"你好。"商人说。

这是一位卖止渴药丸的商人。只要每星期服用一粒药丸，人们就不需要再喝水。

"你为什么卖这个?"小王子问。

"因为这可以节省很多时间，"商人说，"专家们计算过，每周能省下五十三分钟呢。"

"省下这五十三分钟做什么?"

"做任何你想做的事……"

"要是我，"小王子想，"如果有五十三分钟时间，我就从容地走向一处泉水……"

🪐 24

现在是我的飞机在沙漠里发生故障的第八天。我听着商人的故事，喝下了随身携带的最后一滴水。

"啊!"我对小王子说，"你的这些往事很吸引人，可是我还没有把飞机修好，而我也没有一点儿水了。要是我也能从容地走向一处泉水，我会很开心的!"

"我的狐狸朋友……"他对我说。

166

"我的小人儿，就别再谈狐狸了!"

"为什么?"

"因为咱们就快要渴死了……"

他并没有听懂我的话，因为他回答说：

"就算快死了，能有个朋友也是件好事。我就很高兴能有一位狐狸朋友……"

"他估计不到危险，"我自忖道。"他从来都是既不饿也不渴。一点点阳光对他来说就足够了……"

但他看着我，回应了我的想法：

"我也渴了……我们去找一口水井吧……"

我做了个疲惫的手势：在一望无际的沙漠中，漫无目的地寻找一口水井，实在很荒谬。尽管如此，我们还是出发了。

默默地跋涉了几个小时后，夜色降临了，群星开始闪烁。我望着星星，宛如置身梦境，因为口渴而有一点发烧。小王子的话在我的脑海中跃动。

"这么说，你也会口渴?"我问道。

他没有回答我的问题，只是对我说：

"水对于心灵也是有益的……"

我并不理解这句话的意思，不过我什么也没说。我知道不该询问他。

他累了，坐了下来。我坐在他的身旁。沉默了一会儿之后，他又说：

"这些星星真漂亮，因为有一朵我们看不到的花在那里……"

167

我答道："是啊。"之后，我没有再说什么，只是看着月光下沙子的波纹。

"沙漠好美，"小王子又说。

的确如此。我一直都很喜欢沙漠。坐在沙丘上，什么也看不到，什么也听不见。然而在一片静寂之中，却有什么东西在隐隐发光……

"沙漠之所以美丽，"小王子说，"是因为在它的某个地方藏着一口水井……"

我突然领悟到沙子中那神秘的亮光为何物，心中惊异不已。当我还是个小男孩时，曾住在一栋古宅中。据说古宅里埋有宝藏。当然，没有任何人知道该如何找到宝藏。也许从来就没有人找过。但它却为整栋房子增添了神奇的魅力。在我住宅的中心，埋藏着一个秘密……

"没错，"我对小王子说，"让房子、星星或是沙漠美丽的，都是眼睛所无法看到的东西！"

"我很高兴，"他说，"你和我的狐狸意见一致。"

小王子睡着之后，我把他抱了起来，重新上路。我深为感动，仿佛抱的是一件易碎的珍宝。我甚至觉得，地球上没有比他更脆弱的东西了。借着月光，我端详着这苍白的前额、紧闭的双眼，以及随风抖动的发绺。我自忖道："我看见的不过是副躯壳，最重要的东西眼睛是看不见的……"

他微张的嘴唇浮现出一丝笑意。我不禁又想道："这个熟睡中的小王子最令我感动的，就是他对一朵花儿的忠诚。甚

他笑了，摸摸绳子，转转辘轳。

至在他睡着的时候，那朵玫瑰花的形象依然像灯火一样照耀着他……"而我觉得他变得更加脆弱了。应该好好保护灯火，因为一阵风就能将它们熄灭……

就这样走啊走啊，终于在破晓时分，我找到了水井。

 ## 25

"人们挤在快车上，"小王子说，"却不知道他们要寻找什么。他们是在忙忙碌碌地兜圈子……"

他接着补充道：

"实在是没必要……"

我们找到的这口井同撒哈拉沙漠里的其它水井都不一样。撒哈拉沙漠的井其实只是在沙子中挖出一个简陋的坑。但这口井却像村庄里的水井。问题是这里没有任何村庄。我想我一定是在做梦。

"太奇怪了，"我对小王子说。"一切都很齐备：辘轳、水桶、绳索……"他笑了，摸摸绳子，转转辘轳。

辘轳吱嘎作响，声音很像许久没有被风吹过的老风向标。

"你听，"小王子说，"我们把这口井给叫醒了，它正在唱歌……"

我不想累着他。

"让我来吧，"我说。"这对你来说太沉了。"

我慢慢地把水桶提到井沿，稳稳地把它放在石井栏上。我的耳中依然响着辘轳的歌声。在依然晃动的水中，我看到了跳跃的阳光。

"我好想喝这水，"小王子说，"给我喝吧……"

我终于明白了之前他在寻找什么。

我把水桶举到他的唇边。他闭上眼睛，喝着水，甜美得仿佛过节。这水也的确不同于其它饮品。它来自星空下的跋涉，来自辘轳的歌唱，来自我双臂的力气。它就像一份礼物，对心灵有益。当我还是小男孩时，圣诞树上的灯光、午夜弥撒的音乐以及温柔的笑脸，使我收到的圣诞礼物更加令人欣喜。

"你这里的人们，"小王子说，"在同一座花园里种了五千朵玫瑰，却依然找不到他们想找的东西……"

"他们找不到，"我答道。

"其实他们想找的或许就藏在一朵玫瑰花或一点点水之中……"

"的确如此，"我答道。

小王子补充道：

"其实眼睛是看不见的，应该用心去寻找。"

喝过水后，我的呼吸顺畅多了。拂晓时分，沙漠呈现出蜂蜜状颜色。这种蜜色也让我感到愉悦。可是，为什么我会有一种不安的感觉？

"你必须遵守你的诺言，"小王子重新坐到我的身旁，轻轻地说。

"什么诺言?"

"你知道的……给我的绵羊画一个嘴套……我对那朵花负有责任!"

我从口袋里拿出画好的草图。小王子看过了以后,笑着说:

"你画的猴面包树……有点儿像卷心菜……"

"啊!"

我还对自己画的猴面包树很得意呢!

"你画的狐狸……它的耳朵……看起来有点像羊角……而且太长了!"

他又笑了起来。

"这不公平,小人儿。我只会画看得见内部和看不见内部的大蟒蛇,别的什么都不会画。"

"噢,没关系,"他说,"孩子们看得懂。"

于是我用铅笔画了一副嘴套。当我把它递给他时,心缩紧了。

"你有某些我不了解的计划……"

他没有回答,只对我说:

"你知道,我落到地球上的日子……到明天就是整整一年了……"

沉默片刻之后,他又说:

"我掉下来的地方离这里很近……"

他脸红了。

不知为什么,我再次感受到一种奇特的忧伤。然而一个问题突然闪现出来。

"这么说,一周以前的那个清晨,当我第一次看见你独自

172

行走在远离人烟的地方，这一切都不是偶然的了！你是在返回你降落的地点吧?"

小王子的脸又红了。

我犹豫了一下，又问:

"也许是为了一周年的缘故?"

小王子再一次脸红。他从不回答任何问题，但一个人脸红，不就意味着"没错"吗?

"啊!"我对他说，"我害怕……"

但他回答我说:

"现在你该工作了。你应该回到你的机器那里去。我在这里等你。明天晚上再来吧……"

但我很不放心。我想起了那只狐狸。人一旦被驯养，就会想哭。

 26

在水井旁，有一段老石墙的残壁。第二天晚上，当我干完活回来的时候，远远瞧见小王子坐在石墙上，双腿悬着。我听到他说:

"你不记得了么?"他说，"这里不是确切的地点!"

可能有另外一个声音在回答他，因为他反驳道:

"不对，不对!日子是没错，但地方不对……"

我继续朝石墙走过去，但始终没有看到也没有听到任何别人。然而小王子又反驳道:

"……当然。你会在沙地上找到我的足迹开始的地方。你只要在那儿等我就可以了。我今天晚上会去。"

我离石墙只有二十米了,却依然什么也看不到。

沉默了片刻,小王子又说:

"你的毒性强吗?你确定不会让我痛苦太久?"

我停下脚步,心脏缩紧了,但依然不明白是怎么一回事。

"现在走吧,"他说,"我要下去了!"

我低头往墙脚下一看,一下子跳了起来!一条蛇正对着小王子竖起上身。那是一种黄蛇,在三十秒内就能致人于死地。我一边在口袋中摸索,以拔出我的左轮手枪,一边快步跑过去。但是,一听到我的动静,那条蛇便缓缓钻进了沙子,好象一股消失的喷水似的,不疾不徐地在石块之间游走,带着某种轻微的金属音质。

我来到墙边,双臂正好接住了我的小王子。他的脸色雪白。

"这究竟是怎么一回事?你现在开始跟蛇讲话了!"

我把他一直戴着的金黄色围巾解下,用水润湿他的太阳穴,并让他喝了些水。这会儿我不敢再问他任何问题。他神情严肃地望着我,用双手圈住我的脖子。我感觉他的心脏跳得像一只被来福枪击中而奄奄一息的小鸟一般。他对我说:

"我很高兴你已经找出飞机缺什么了。你马上就可以回家了……"

"现在走吧，"他说，"我要下去了!"

"你是怎么知道的?"

我正要告诉他,我已经出乎意料地修好了飞机!

他没有回答我的问题,却说:

"今天我也要回家了……"

然后他忧伤地说:

"不过路途更远……也更艰难……"

我非常清楚地感觉到发生了某种不同寻常的事情。我把他紧紧地抱在怀里,就象抱着一个小孩子;然而他依然像是正朝着一个深渊垂直滑落下去,我根本抓不住他……

他的目光凝重,迷失在远方。

"我有你的绵羊。我有装绵羊的箱子。我还有嘴套……"

他露出了凄然的微笑。

等了好一段时间,我才感觉到他一点点温暖起来。

"小人儿,刚才你很害怕……"

他刚才显然很害怕。但他却轻轻笑了。

"今晚我会更害怕……"

又一次,我因为某种无法挽回的事情而感觉全身冰冷。想到今后可能再也听不到这笑声,我明白自己无法忍受这个念头。对我来说,这笑声犹如沙漠中的一股清泉。

"小人儿,我希望还能听到你笑……"

但他对我说:

"今天晚上就是整整一年了。我的星星正好处在去年我落下来的地方的正上方……"

"小人儿，这些关于蛇、约会和星星的事只是一场恶梦，对不对……"

但他没有回答我的问题。他对我说：

"重要的事情是看不见的……"

"当然……"

"就像那朵花。如果你爱着某颗星星上的一朵花，那么，在夜晚仰望天空是一件很甜美的事。仿佛所有的星星都鲜花盛开。"

"当然……"

"就像水一样。你给我喝的水，因为那辘轳和绳索的缘故，就像一段音乐……记得吗……那水很甜美。"

"当然……"

"你可以在夜晚看星星。我住的星球太小了，我没有办法指给你它的位置。这样也好。我的星球对你来说就是众多星星中的一颗。这样你就会喜欢看所有的星星……它们都将成为你的朋友。另外，我还要送你一份礼物……"

他又笑了起来。

"啊，我的小人儿，我的小人儿，我好喜欢听到这笑声!"

"这正是我的礼物……就像水一样……"

"你想说什么?"

"星星对于不同的人来说有不同的意义。对旅行者来说，星星指示着方向。对另外一些人来说，星星不过是一些小小的亮点罢了。对学者来说，星星是难题。对我那位商人来说，星星是金子。然而，对所有这些人来说，星星都是无声无息的。只有你的星星与其他任何人的都不同……"

"你想说什么?"

"当你在夜晚仰望天空的时候，因为我住在其中的一颗星星上，因为我在那颗星星上笑，所以对你来说，就好像所有的星星都在笑。你将拥有会笑的星星!"

他又笑了起来。

"还有，当你心情好起来之后（人总是能够好起来的），你将会因为结识了我而感到开心。你将永远是我的朋友。你想同我一起欢笑。有时你会为了享受这一乐趣而打开窗户……你的朋友会很吃惊地看到你望着天空大笑。于是你对他们说：'没错，星星总让我大笑!'而他们会认为你疯了。这样我就让你上了一个大当……"

他又笑了。

"就好像我给你的不是星星，而是好多好多会笑的小铃铛……"

他再次笑了起来。随后他又严肃起来。

"今天晚上……你知道的……你不要来。"

"我不离开你，"我说。

"我会看起来好像很痛苦……我会看起来有点像死了似的。会像那个样子。不要来看，没必要……"

"我不离开你。"

但他很担心。

"我跟你说这些……也是因为那条蛇的缘故。你不能被它咬到……蛇是很恶的。它们有可能只是为了好玩而咬人……"

"我不离开你。"

不过某件事令他放了心。

"它们即使咬第二口，也没有毒液了，这倒是真的……"

那天晚上我没有看到他动身。他是悄无声息地离开我的。当我终于赶上他的时候，他正以坚定的步伐快步走着。他只是对我说：

"啊！你来了……"

他拉住了我的手。然而他还是感到担忧。

"你这样不对。你会很难受的。我看起来会像是死了似的；不过那不是真的……"

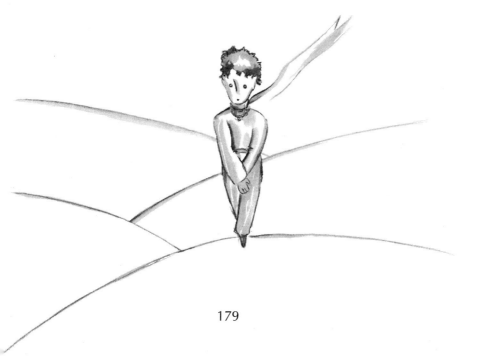

我一声不吭。

"你明白的。路太远了。我不能带着躯体走。它太重了。"

我一声不吭。

"它就像一个被扔掉的旧躯壳一样。对旧躯壳没有什么好悲伤的……"

我一声不吭。

他有些气馁，但再次作出努力。

"一切将会很美好的，你知道。我也会仰望星星。所有的星星上面都会有生了锈的辘轳水井。所有的星星都会喂水给我喝……"

我一声不吭。

"那将多么有趣啊！你会有五亿个小铃铛，而我会有五亿股泉水……"

他也闭上了嘴，因为他哭了……

"就是这里。让我单独迈一步吧。"

但他坐了下来，因为他在害怕。他又说道：

"你知道的……我的花儿……我对她负有责任！而且她是那么柔弱！那么天真！她只有四根刺，根本派不上用场，她就靠它们来保护自己，面对整个世界……"

我坐了下来，因为我也站不住了。他说：

"好吧……就这样了……"

他仍有点犹豫，随后站了起来。他迈了一步。我却根本不能动弹。

一道黄色的闪电在他的脚踝边掠过。他一动也不动地停了一瞬间，没有叫喊。随后他像一棵树似的缓缓倒下。因为是倒在沙地上，所以甚至连一点声音也没有。

🪐 27

那已经是六年前的事了……。我还从未跟人讲过这个故事。我的同事们见到我还活着，都非常高兴。我很悲伤，但我跟他们说："是累的……"

如今我多少好了一些。也就是说……没有完全好起来。但我知道他确实已经回到他的星球上去了，因为那天天亮时，我没找到他的尸体。其实他的身体没那么重……夜晚，我喜欢倾听星星的声音。它们就像五亿个小铃铛……

他像一棵树似的缓缓倒下。

　　还有一件意外的事情。当我帮小王子画嘴套的时候，忘了把皮带加上去！他可能永远都没有办法把嘴套给绵羊戴上。所以我会想："他的星球会发生些什么事呢？那只绵羊很可能把花给吃了……"

　　有时我会对自己说："一定不会的！小王子每天晚上都会把花放在玻璃罩下面，而且他会严密看守他的绵羊的……"这时我就很开心，所有的星星也都温柔地笑着。

　　但有时我又会对自己说："人难免会有一两次疏忽，而一次就够了！若是某个晚上他忘了玻璃罩，或者那只绵羊趁夜间悄无声息地跑出来……"这时那些铃铛全都变成了泪珠！……

　　这实在是一个很大的秘密。你和我一样热爱小王子，对你我来说，在我们不知道的某个地方，有一只我们不知道的绵羊，它有没有吃掉一朵玫瑰花，会令整个宇宙都不一样的……

　　仰望天空，问问你自己："绵羊吃没吃掉那朵花儿呢?"你会看到所有的一切是如何的不同……

　　没有一个大人明白这有多么重要！

对我来说，这是世上最美丽也最哀伤的景色。它和前一页的景色一样，只是我把它再画了一次，以让你看得更清楚。小王子就是在这里出现和消失的。

请认真看看这幅景色，以便确信自己如果哪一天去非洲旅行，能够在沙漠里认出这个地方。如果你会路过那里，我请求你，千万别太匆忙。请你在这颗星的正下方等一等！如果有一个孩子向你走来，如果他爱笑，如果他长着金黄色头发，如果你向他提问时他不回答，你准能猜得出他是谁。那么请发发慈悲，别让我继续这么悲伤了：请快点给我写信，告诉我他回来了。

图书在版编目（CIP）数据

小王子 / （法）圣 - 艾修伯里（Exupery, S）著；李思译. – 北京：外文出版社，2006（2007 重印）

ISBN 978-7-119-03544-4

I. 小 ... II.①圣 ... ②李 ... III.①法语－汉语－对照读物 ②童话－法国－现代 IV. H329.4: I

中国版本图书馆 CIP 数据核字（2006）第 147223 号

小王子

作　　者	〔法〕安东尼·德·圣-艾修伯里	
翻　　译	李　思	
审　　订	郑　鸣	

责任编辑	王　蕊
封面设计	姚　波
印刷监制	冯　浩

©2006 外文出版社

出版发行	外文出版社
地　　址	中国北京西城区百万庄大街 24 号　　邮政编码 100037
网　　址	http://www.flp.com.cn
电　　话	（010）68995963（编辑部）
	（010）68995844（发行部）
	（010）68995852 / 68996188（邮购部）
	（010）68320579/68996067（总编室）
电子信箱	info @ flp.com.cn / sales @ flp.com.cn
印　　刷	北京京都六环印刷厂
经　　销	新华书店 / 外文书店
开　　本	大 32 开
印　　张	5.875
装　　别	平
版　　次	2006 年第 1 版　2007 年第 1 版第 2 次印刷
书　　号	ISBN 978-7-119-03544-4
定　　价	18.00 元